资助项目

国家社会科学基金重大项目
　"中国积极参与国际货币体系改革进程研究"（10ZD&054）

国家社会科学基金重点项目
　"开放经济内外双均衡协调发展研究"（08GJA001）

国家社会科学基金一般项目
　"人民币国际化背景下的外汇储备管理研究"（15BGJ039）

国家社会科学基金青年项目
　"外汇储备助推实体经济的路径研究"（15CGJ020）

科技部国家软科学研究项目
　"外部冲击与中国外汇储备安全战略研究"（2009GXS5D104）

中国博士后科学基金第八批特别资助
　"中国外汇储备委托贷款定价机制研究"（2015T80276）

中国博士后科学基金面上项目
　"中国外汇储备投资模式创新研究"（2014M561269）

东北师范大学自然科学青年基金
　"人民币国际化对资本市场的影响"（14QNJJ039）

东北师范大学青年学者出版基金

中央高校基本科研业务费专项资金

中国外汇储备
管理优化论

石凯　刘力臻 ◇著

中国社会科学出版社

图书在版编目（CIP）数据

中国外汇储备管理优化论/石凯，刘力臻著.—北京：中国社会
科学出版社，2015.8
ISBN 978 - 7 - 5161 - 6399 - 3

Ⅰ.①中…　Ⅱ.①石…②刘…　Ⅲ.①外汇储备—外汇管理—
研究—中国　Ⅳ.①F832.6

中国版本图书馆 CIP 数据核字（2015）第 146952 号

出 版 人	赵剑英	
责任编辑	王　曦	
责任校对	周晓东	
责任印制	戴　宽	

出　　版	中国社会科学出版社	
社　　址	北京鼓楼西大街甲 158 号	
邮　　编	100720	
网　　址	http：//www.csspw.cn	
发 行 部	010 - 84083685	
门 市 部	010 - 84029450	
经　　销	新华书店及其他书店	

印　　装	北京君升印刷有限公司	
版　　次	2015 年 8 月第 1 版	
印　　次	2015 年 8 月第 1 次印刷	

开　　本	710×1000　1/16	
印　　张	13	
插　　页	2	
字　　数	233 千字	
定　　价	46.00 元	

序

  2000 年以来，中国外汇储备快速增长。截至 2013 年末，其占世界总储备的比重已超过 30%。巨额外汇储备不仅给中国经济发展带来诸多压力，其在动荡不安的世界经济环境下同样面临着窘迫的管理困境和潜在损失的可能。近 4 万亿美元的外汇储备足以令中国人民银行成为全球最具影响力的货币当局，但巨额储备的投资管理却也着实令外汇管理局计无所出。对于中国这样一个快速发展的新兴市场国家，善用外汇储备不仅可以在一定程度上弥补其原始资本积累的不足，更将在全球层面上显著影响世界经济的再平衡。

  《中国外汇储备管理优化论》在石凯博士的学位论文以及刘力臻教授承担的多项国家课题的基础上整理而成。他们曾就书中提及的多个议题在中国和日本同我开展过多次交流。在讨论过程中，中国学者的治学严谨和敏锐思维令我至今难忘。书中全面而深刻地讨论了外汇储备规模、币种结构、资产结构优化以及外储与外债协同优化等议题，并从实践的角度为中国货币当局的外汇储备管理进行了战略设计。其间大量使用了数理经济学分析范式以及理论与实证相结合的研究方法，对外汇储备管理理论和实践的发展做出了重要贡献。特别是使用动态优化方法对外汇储备币种结构调整的最优路径的分析，不仅对中国货币当局具有重要的政策价值，对包括日本在内的东亚高储备国家也具有十分重要的借鉴意义。

日本一桥大学经济研究所教授

2014 年末

目　录

引　言

开放条件下，外汇储备肩负着重要的调节和保障功能。持有一定规模的外汇储备，是一国进行经济调节、实现内外均衡的重要手段和方式。维持外汇储备的适度规模、优化外汇储备的币种构成并对高低风险及长短期资产进行合理配置，不仅能够实现外汇储备保值、增值，而且有利于维护国家信用、保证外债偿付、保障国家金融安全，有助于拓展国际贸易、吸引外国投资、降低国内企业融资成本、防范和化解国际金融风险。显然，外汇储备管理已成为国家安全战略的重要环节。

外汇储备管理本质上应处理好储备资产的规模和结构问题。目前，中国外汇储备规模已超出合理水平；外汇储备币种构成过于集中、资产种类过于单一，潜藏较大风险；外汇储备管理理念乏善可陈。面对汇率波动、利率变化、潜在投资损失和货币政策失效风险，中国的巨额外汇储备深陷规模调整和结构优化困境，储备资产安全状况堪忧，迫切需要建立一套符合国情、具有中国特色的外汇储备战略管理体系。中国外汇储备管理优化论，正是对这一系列现实难题的深入思考。本书将借助现代经济学研究范式，从外汇储备规模、币种构成、资产分布和期限结构以及资产/负债协同优化等视角，探讨中国外汇储备的优化管理问题。

一　研究对象

国家外汇资产、政府外汇资源与外汇储备，是近年来国际货币基金组织特别强调的几个概念。

国家外汇资产，是一国居民（包括政府、企业和个人）所拥有的外汇资产的总和。政府外汇资源，是一国货币当局或政府其他机构所拥有的外汇总资产，具体包括官方储备（主要是外汇储备）和政府其他外汇资产两部分。官方储备和政府其他外汇资产的区别主要表现在：前者的持有及管理者只能是货币当局，而后者的拥有者可以是政府的其他部门；前者是对非居民的债权，而后者可以是对本国居民的外汇债权（见图1）。

图1　国家外汇资产、政府外汇资源与外汇储备的关系

本书的研究对象是中国的外汇储备。

从中国国际投资头寸表 1 来看，外汇储备实际上是国际储备资产的重要组成部分。从功能上分析，外汇储备同国际储备相近；从数量上分析，外汇储备在中国国际储备中的占比超过 97%。因而，剖析国际储备的基本概念将有助于准确认识外汇储备。

表1				中国国际投资头寸表（节选）			单位：亿美元，%	
时间	2004年末	2005年末	2006年末	2007年末	2008年末	2009年末	2010年末	2011年末
4. 储备资产	6186	8257	10808	15473	19662	24532	29142	32558
4.1 货币黄金	41	42	123	170	169	371	481	530
4.2 特别提款权	12	12	11	12	12	125	123	119
4.3 在基金组织中的储备头寸	33	14	11	8	20	44	64	98
4.4 外汇	6099	8189	10663	15282	19460	23992	28473	31811
外汇储备占比	98.60	99.17	98.66	98.77	98.97	97.80	97.71	97.71

资料来源：国家外汇管理局。

根据 IMF《国际收支和国际投资头寸手册》（第六版）（BPM6）的定义，（国际）储备资产，是由货币当局控制，随时可供利用，以满足国际收支资金需求、干预外汇市场、影响货币汇率以及用于其他相关目的[①]的对外资产（见表 2）。

---

① 例如，作为向外国借款的基础、维护对本国货币和经济的信心等。

表 2　　　　　　　　　　储备资产及与储备有关的负债

储备资产	对非居民的与储备有关的负债
货币黄金	短期（以剩余期限为基准）
金块	来自基金组织的信用和贷款
未分配黄金账户	债务证券
特别提款权	存款
在基金组织中的储备头寸	贷款
其他储备资产	回购协议贷款
货币或存款	其他贷款
对货币当局的债权	对非居民的其他短期外币负债
对其他实体的债权	
证券	
债务证券	
短期	
长期	
股权和投资基金份额或单位	
金融衍生产品	
其他债权	

资料来源：IMF《国际收支和国际投资头寸手册》（第六版）（BPM6）。

综合 BPM6 和中国国际投资头寸表，不难发现：

外汇储备，是不包括黄金储备、特别提款权及在基金组织的储备头寸的那部分（国际）储备资产；主要由货币或存款、对货币当局的债权、对其他实体的债权、证券、金融衍生产品及其他债权组成。

传统上，黄金曾是国际储备的最主要形式。随着世界经济的不断发展，黄金供给渐渐无法满足全球经贸往来的需要，其作为国际储备的作用便被大大削弱了。随之而来的是外汇在国际储备中的兴起[①]。职是之故，晚近文献通常对国际储备和外汇储备不加区分。遵循文献传统，本书在探讨中国外汇储备适度规模时对二者也并不做特别区分。

除上述三个概念外，部分国家也会设立一些用于实现特殊目的的政府基金，通常被称为主权财富基金（Sovereign Wealth Funds）。主权财富基

---

① 在各国国际储备构成中，SDR 及在 IMF 的储备头寸的规模不大且相对稳定。

金同外汇储备的关系，近来得到了广泛讨论。同本书相关的一个重要议题在于：主权财富基金所持有的对外资产是否应当列入储备资产？要回答这一问题，必须认清是否存在某种法律或行政规定限制了货币当局对这部分资产的随时使用。

此外，随着国际区域货币金融合作的日益紧密，"集合资产"作为同外汇储备相关的另一重要概念得到深入发展。作为储备资产管理的一种手段，不同经济体的货币当局可能共同通过集合资产（资产池）进行投资①。有些集合资产安排所具有的特点可能会限制将债权用作储备资产。与主权财富基金一样，为确定在集合资产中的债权是否符合储备资产的定义，需要对该安排的法律和制度框架进行分析。

从具体实践来看，中国的外汇储备是严格符合 IMF 定义的。

二　研究的主要问题

2008 年金融危机后，全球货币战争愈演愈烈，巨额外汇储备实际上面临着两大类风险：一是外部风险，包括流动性风险、信用风险、货币风险和利率风险；再就是操作风险，包括控制系统失败风险、金融失误风险、金融误报风险以及潜在收入损失。

具体而言，中国外汇储备面临的潜在风险包括：（1）Fannie Mae 和 Freddie Mac 退市的潜在违约风险。（2）利率风险。为刺激经济复苏，美、欧、日等主要发达经济体将长期维持低利率政策，如果利率上升，债券价格必将下跌，从而引起中国外汇储备的显著损失；同时，股权和短期债券比例过低将增加外汇储备暴露于通货膨胀的风险头寸。（3）汇率风险（即 Krugman 问题②）。中国的对外资产以外币计价，这使得央行资产负债表上存在显著的"货币错配"：如果人民币升值，资产方的收缩幅度将远大于负债方的收缩幅度，从而形成显著的资本损失。

自 2010 年 2 月 5 日起，中国国家外汇管理局宣布：对国际收支平衡表中的"外汇储备"项，只记录交易变动数据；同交易无关的"储备资

---

① 这种集合资产安排属于集体投资计划：根据该计划，参与者所提供的资金由一个从事投资活动的投资载体（通常为参与者所在经济体的非居民）持有；参与者对集体投资计划拥有债权。

② 现阶段，中国的"双顺差"与巨额外汇储备实际上面临着三个问题：一是 Williamson 问题，即中国为什么不能将资本项目顺差转化为经常项目逆差；二是 Dornbusch 问题，即像中国这样的发展中国家为什么将大量宝贵的资金通过购买外国金融资产的方式借给外国；三是 Krugman 问题，即一旦美元大幅贬值，中国持有的大量外汇储备将遭受显著的资本损失。

产价值变动"将通过国际投资头寸表反映①。这为侦测储备资产的潜在风险及损失提供了一定帮助。

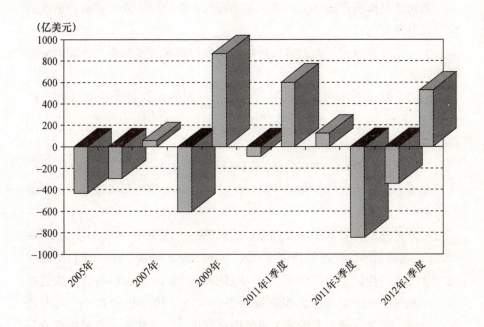

图2　因非交易因素引起的储备资产价值变化

资料来源：中国国际收支平衡表、中国国际投资头寸表及作者的计算。

　　显然，非交易因素引起的储备资产价值波动较大（见图2）。在人民币国际化进程中探讨外汇储备优化管理问题势在必行。

　　2011年1月18日，外汇管理局局长易纲在外汇管理局网站发表署名文章，称"外汇储备管理面临的挑战正在不断增大②……基于对通货膨胀高企及储备资产贬值风险的担忧，北京方面正在更加严肃地考虑降低外汇储备规模的问题。"

　　为应对货币政策失效风险，本书将着重分析中国外汇储备的适度规模；适度外汇储备的动态评价标准；外汇储备累积对中国经济的影响以及外汇储备规模优化调整的途径。

---

　　①　外汇管理局同时修订了2003—2010年国际收支平衡表中的外汇储备数据。

　　②　易纲指出，大规模外汇储备经营不仅受市场容量约束，也受制于东道国的态度；大规模外汇储备经营管理体制亟待完善，大规模外汇储备投资面临越来越大的挑战。

　　为控制汇率波动风险，本书将全面探索中国外汇储备币种结构调整的方向及其动态最优路径。

　　为化解巨额资产的投资困境，本书将深入剖析中国外汇储备的资产结构及其调整方向。

　　为防范利率变化风险，本书还将特别探讨中国外汇储备与外债的协同优化问题。

　　最后，综合上述四方面的研究，提出中国外汇储备优化管理的战略构想。

三　主要的研究方法

　　为实现研究目标，本书将借助现代经济学研究范式，借鉴国际金融、宏观经济、金融工程等学科的经典理论，综合运用数理和实证经济分析前沿方法。

　　在分析外汇储备累积对宏观经济的影响时，将使用不可知论（Agnosticism）基础上的纯粹符号约束（Pure - sign - restriction Approach）脉冲响应分析方法。传统上，当使用 VAR 方法分析外生冲击的影响时，往往对变量间的排序——即冲击影响变量的先后顺序（传导机制）——具有内在的诉求。对变量间相互影响关系的内在假设，通常建立在必要的理论分析基础之上。据此，同理论预期不相符的响应结果往往被称作"谜"。然而，这一分析范式存在的根本问题在于：不同理论对传导机制的认识并不一致。纯粹符号约束方法，建立在 Bayes 理论基础上，仅对脉冲响应施加现实且广泛可接受的符号约束，达到分析冲击对经济系统的实际影响的目的。

　　在对数据进行退势处理时，将使用同混合模型（Mixed Model）相联系的惩罚性样条平滑方法（Penalized Spline Smooth）。样条滤波，考虑了可能存在的模型误设，相对传统的滤波退势方法更为稳健。

　　在剖析币种结构优化的方向时，将使用动态条件相关广义自回归条件异方差（Dynamic Conditional Correlation Generalized Autoregression Conditional Heteroskedasticity，DCC - GARCH）模型模拟储备资产收益间的动态相关关系。相比建立在历史数据基础上的固定相关模型，DCC - GARCH 更加贴近现实。

　　在探索币种结构调整的具体步骤时，将使用动态最优化（Dynamic Optimization）方法寻找减持美元的最优路径。

在探讨外汇储备与外债协同优化问题时，将引入资产负债管理（Asset – Liability Management）框架和免疫（Immunization）策略。

四　研究价值和意义

随着外汇储备的不断累积，中国外汇管理政策备受质疑。2008 年全球金融危机后，国际区域经济问题频发，世界经济不确定性显著增强，中国巨额外汇储备安全问题更加令人担忧。外汇储备管理模式优化已成为中国经济管理面临的一个现实难题。

本书的价值在于：探索了中国外汇储备适度规模的动态评价标准，为实现外汇储备"分档"管理奠定了现实基础；明确了中国外汇储备币种结构调整的方向和最优操作路径，为美元贬值过程中的币种结构管理提供了具体指导；讨论了"分档"管理制下中国外汇储备资产配置和投资期限结构优化问题，为外汇储备投资管理提供了理论支持；探讨了免疫策略基础上中国外汇储备与外债的协同管理问题，为保证中国经济安全提供了参考；在结构优化基础上，构建了中国外汇储备管理战略，为化解巨额外汇储备管理困境提供了战术安排。

本书是在外部经济环境恶化、国内经济困难重重的"内忧外患"的情况下对中国外汇储备优化管理问题进行的一次全面探讨。本书的研究解决了中国外汇储备适度规模动态评价标准不足、币种结构调整缺乏可操作性、资产配置和投资期限结构不明、对外资产和负债管理彼此割裂等现实难题，弥补了中国外汇储备战略管理研究的不足。本书不仅为财政部、中国人民银行、国家外汇管理局、国务院国有资产监督管理委员会、国家发展和改革委员会等部门提供了相关工作的政策建议，更为重要的是将多层次战略体系和主权资产/负债管理框架引入中国外汇储备管理的研究。

因而《中国外汇储备管理优化论》具有重要的理论价值和现实意义。

五　篇章结构

本书主体部分共分六章。

第一章文献回顾。从外汇储备适度规模、币种构成及储备管理三个角度分别梳理了相关理论的起源、发展脉络及模型之间的承继关系，并简单地展望了相关文献的未来发展趋势。

第二章中国外汇储备规模优化。首先，在一个小国开放模型基础上，借助纯粹符号约束的脉冲响应方法，实证分析了中国外汇储备累积对宏观经济的影响；其次，从功能论视角出发，借助经验分析、保险合同模型、小国开放模型和历史分析技术，并结合中国数据，对用于满足交易性、预防性、保证性和管理性需求的中国外汇储备适度规模展开了讨论；再次，分析了外汇储备与主权财富基金的关系；最后，探讨了中国外汇储备规模优化调整的途径。

第三章中国外汇储备币种结构优化。首先，综合美国财政部 TIC 报告和 IMF – COFER 数据探索了中国外汇储备币种的可能构成；其次，在均值—方差分析框架下，使用 DCC – GARCH 模型预测方差—协方差阵，计算了具有最小方差风险的中国外汇储备最优币种构成；最后，借助动态优化方法构建了中国外汇储备币种结构调整的动态最优路径。

第四章中国外汇储备资产结构优化。首先，综合中国国际投资头寸表和美国财政部 TIC 报告，参考 Brazil 外汇储备资产构成数据，剖析了中国外汇储备可能的资产分布和投资期限结构；其次，借助 Aizenman – Glick 模型和 Stackelberg 模型的基本思想以及 CIR 平方根模型分别探讨了外汇储备投资在低风险资产和高风险资产间以及在长期债券和短期债券间的投资选择问题；最后，从"分档"管理的角度探讨了中国外汇储备资产结构优化调整的方向。

第五章中国外汇储备与外债协同优化。首先，阐述了对外汇储备和外债进行协同优化的必要性；其次，透彻分析了中国的外债结构；最后，以固定收益投资组合理论为基础，初步探索了免疫策略和现金流匹配策略在中国外汇储备投资管理中的应用。

第六章中国外汇储备管理战略。在结构优化分析的基础上，从短期、中期和长期三个层面以及战略和战术两个维度，提出了中国外汇储备管理的战略构想。

第一章　文献回顾

本章将从外汇储备适度规模、币种构成和储备管理三个角度，对现有文献进行梳理。

第一节　外汇储备适度规模

外汇储备适度规模的研究同外汇储备功能演变密切相关。当外汇储备主要用于满足进口需求时，以 Triffin（1960）规则为代表的比例分析法成为分析储备规模适度性的重要工具。随着储备功能的逐渐多样化，以 Flanders（1971）、Frenkel（1974）、Iyoha（1976）为代表的回归分析法得到了更大重视。当外汇储备投机盈利功能日益重要时，以 Heller（1966）、Agawal（1971）为代表的成本—收益分析便产生了较大影响。随着国际贸易的发展，国际收支不平衡成为常态，外汇储备的国际收支调节功能日益彰显，以 Hamada－Ueda（1977）、Frenkel－Jovanovic（1981）为代表的缓冲存货模型对储备规模适度性进行了重要发展。近年来，金融危机、债务危机及货币危机频发使得外汇储备的预防功能愈加得到重视，以 Ben－Bassat 和 Gottlieb（1992）为代表的审慎预防模型逐渐成为主流。随着全球经贸不平衡的加剧，新兴市场国家积累起大量的外汇储备。尽管持有巨额储备意味着较大的社会成本，但同金融危机相伴而生的巨大福利损失往往使各国心有余悸，因而以 Jeanne 和 Rancière（2006）及 Jeanne（2007）为代表的效用最大化模型成为分析外汇储备适度规模的新方向。

Triffin（1960）规则指出：一国外汇储备额以满足 3 个月进口需要量为适度。在第二次世界大战后初期"美元荒"的背景下，国际金融界关注的焦点是国际储备的充分性问题。对许多国家而言，确保持有至少满足 3 个月左右进口需求的储备，是关乎宏观经济稳定至关重要的政策目标。

此后，其他多种比例关系，如储备/短期外债[①]、储备/M_2[②] 及储备/GDP 等，被发展成为研判外汇储备适度规模的基础。其在文献中被统称为"比例分析法"（The Ratio Approach）。

Heller（1966）开创了通过理论模型推算最优储备规模的先河。其有关最优储备规模的成本/收益分析，对此后的研究影响深远。Heller 认为：持有储备的收益，源于国际收支出现逆差时一国持有储备所能避免产出减少的能力；持有储备的机会成本，则为资本收益同储备资产回报率的缺口。这一分析此后得到了 Hamada 和 Ueda（1977）以及 Frenkel 和 Jovanovic（1981）等众多学者的发展，并在实证分析中被广泛采纳。Heller 模型做了如下设定：

$$R = R(m, \sigma, r) \tag{1.1}$$

其中，R 代表官方储备，m 代表进口的边际倾向，σ 代表对收支平衡变化的度量，r 则是持有储备的机会成本。R 对 σ 的偏导数是正的，对 r 的偏导数是负的，对 m 的偏导数的符号并不确定。

Heller 认为，持有必要的储备能够避免在国际收支出现问题时付出同进口倾向呈反比的产出调整成本。持有储备的边际收益为

$$MR = \frac{1}{m} \tag{1.2}$$

其中，m 代表一国的进口倾向。

同时，持有储备的边际成本是将储备用于生产所能够增加的产出同储备投资所获得收益的差，即

$$MC = r \tag{1.3}$$

其中，r 代表资本的社会收益和储备投资收益的差。

将国际收支出现问题的概率考虑进模型以后，最优国际储备水平是使边际成本和边际收益相等（$\pi \cdot MR = MC$）时的储备数量。

Agarwal（1971）将 Heller 模型扩展到发展中国家，将持有储备的机会成本表示为

$$C = Y_1 = R \cdot \frac{i}{q_1} \tag{1.4}$$

[①] Marta Ruiz – Arranz 和 Milan Zavadjil（2008）认为：在资本市场工具日趋复杂的情况下，储备同总外债之比似乎是最能捕捉资本急停和资本账户逆转脆弱性的标准。

[②] 例如，在新兴的亚洲国家，外汇储备应覆盖广义货币的 1/3；Wjinholds 和 Kapteyn（2001）还提出外汇储备应当占广义货币 5%—20% 的标准（尽管缺少必要的理论证明）。

其中，Y_1 代表所放弃的产出，R 代表储备，i 为资本/产出比的倒数，q_1 代表必需品进口占产出的比重。

持有储备的福利为

$$B = Y_2 = R \cdot \frac{\pi^{\frac{R}{d}}}{q_2} \tag{1.5}$$

其中，Y_2 代表避免调整所节省下的产出，π 代表国际收支出现问题的概率，q_2 代表必需品的进口倾向，d 代表赤字总额。

当 $C = B$ 时的最优储备规模为

$$R^* = \frac{d}{\log \pi} \cdot (\log i + \log q_2 - \log q_1) \tag{1.6}$$

继 Heller 模型之后，Hamada 和 Ueda（1977）首先探讨了国际收支失衡及其调节的随机性问题。同样基于 Miller 和 Orr（1966）的存货分析技术，Frenkel 和 Jovanovic（1981）模型是 20 世纪 80 年代及此后较长时间内最重要的理论发展。Frenkel 和 Jovanovic 在库存管理以及货币的交易和审慎需求基础上，发展了一个决定国际储备最优存量的随机模型。其基本思想在于：最优储备水平是对外失衡的调节成本和持有储备的机会成本的权衡（Trade - off）。研究发现：最优储备规模的显式解是利率、国际收支及收入所服从的随机过程的方差以及净支付的平均比例的函数；适度储备同国际收支波动性和进口规模正相关，同持有储备的机会成本负相关。由于 Frenkel 和 Jovanovic 模型中储备增长不存在上限、同实际不符，为此 Jung（1995）应用库存管理理论发展了一个侦测外汇储备最优规模的连续时间随机框架。

Ben - Bassat 和 Gottlieb（1992）是此后真正意义上的理论创新。其分析将主权风险引入预警储备需求，加入了"国家风险"和"违约成本"。在这一框架下，储备损耗的成本和概率可以被视为外债违约的成本和概率。当总预期成本最小时的储备持有量便是外汇储备的适度规模。假设中央银行最小化持有储备的期望成本，持有成本由两部分构成：一是持有储备所放弃的收益 C_1；二是储备损耗的社会成本 C_0，

$$EC = \pi \cdot C_0 + (1 - \pi) \cdot C_1 \tag{1.7}$$

其中，π 代表储备损耗的概率。储备耗竭对经济政策形成约束，促使经济体通过削减开支来对外部经济失衡做出即刻调整，因而增加了对国内实体经济的扰动。

有关储备的损耗概率。Heller（1966）从对称的随机游走过程出发，推导出损耗概率，暗含着"长期国际收支是均衡的"这一假设。"概率函数并不随储备水平而变化"这一缺陷在 Clark（1970）、Hamada 和 Ueda（1977）以及 Frenkel 和 Jovanovic（1981）的研究中得到扩展，损耗概率变成了储备的函数。对借贷国而言，储备损耗意味着（相比稳定收支平衡国）更为高昂的融资成本。储备的突然枯竭可能危及债权人对借贷国偿债能力的信心，继而减少外部信贷的供给，进一步消耗该国的外汇储备。Ben – Bassat 和 Gottlieb 认为，主权风险 π 同反映外部流动性问题的经济变量（储备对进口的比 R/M 等）、通常的宏观经济管理（通胀管理）及长期偿付能力（债务对出口的比 D/X，产出对资本的比）等之间存在稳定关系，

$$\pi = \pi\left(\frac{R}{M}, \frac{D}{X}, z_i\right) \tag{1.8}$$

其中，z_i 代表其他经济变量。储备比例的提高减少了违约风险，债务比例的提高则增加了违约风险。

储备损耗的成本来自削减 GNP 和进口以恢复储备持有的调整需要。这一成本同经济体的开放程度或进口倾向 m 负相关。然而，其并未捕捉到借贷国违约的其他引致成本。外债违约将会扰乱原材料进口的有序流动，引发产出负效应。此前的生产模式也将会受到进口消费品减少的影响，部分产品不得不寻求国内替代。同时，投资需求也将会减少。经济体将会失去依靠暂时的债务累积进行消费平滑的可能性。因而，不同于 Heller（1966）模型，在 Ben – Bassat 和 Gottlieb 模型中，开放度 m 对储备损耗成本的影响是正的，

$$\frac{C_0}{Y} = f(m) \tag{1.9}$$

普遍认为，测度持有外汇储备的机会成本是比较困难的。Edwards（1985）指出借贷国的机会成本可以通过债务利率和储备利率价差来反映。然而，这仅在边际借贷率等于或者超过资本的边际产出时才是正确的。实际上，由于市场的非完美性、资产风险以及对国际资本流动的限制（主要原因），资本产出率通常会超过借贷成本。即使借贷率暂时超过 ρ，其也很难反映贷款人在长期的理性选择。在 Ben – Bassat 和 Gottlieb 模型中，持有储备的机会成本依赖于资本的边际产出 ρ 和储备收益率 i 的差值

以及储备总水平，即

$$C_1 = r \cdot R \qquad (1.10)$$

其中，$r = \rho - i$。

因而，Ben – Bassat 和 Gottlieb 获得目标函数

$$\min_R EC = \pi \cdot C_0(m, Y) + (1 - \pi) \cdot r \cdot R \qquad (1.11)$$

及约束条件

$$\pi = \pi\left(\frac{R}{M}, \frac{D}{X}, z_i\right) \qquad (1.12)$$

财富约束可以表示为

$$K + A + R = W + D \qquad (1.13)$$

其中，K 代表资本存量，R 代表外汇储备，A 代表其他资产，W 代表净财富，D 代表总外债。

从中央银行的角度来看，官方储备的债务净值 D_n 是外生的。最优化的一阶和二阶条件分别为

$$\frac{\mathrm{d}EC}{\mathrm{d}R} = EC_R = \pi_R \cdot (C_0 - r \cdot R) + (1 - \pi) \cdot r = 0 \qquad (1.14)$$

$$\frac{\mathrm{d}^2 EC}{\mathrm{d}R^2} = EC_{RR} = \pi_{RR} \cdot (C_0 - r \cdot R) - 2\pi_R \cdot r > 0 \qquad (1.15)$$

其中，π_R 代表 π 对 R 的一阶导数。

使预期成本最小化的适度储备规模可以表示为

$$R^* = \frac{(1 - \pi(R^*))}{\pi_R(R^*)} + \frac{c}{r} \qquad (1.16)$$

尽管上述分析思想十分明确，但其缺陷也是十分明显的：一阶条件无法获得显式解。

Ben – Bassat 和 Gottlieb 使用两阶段最小二乘法、以储备的机会成本为工具变量，通过 1979—1988 年的季度数据，对违约概率进行了估计，并模拟了满足一阶条件的最优外汇储备规模。储备收益由美元和马克的短期存款利率通过进口比重加权确定。Ben – Bassat 和 Gottlieb 发现：最优储备约占实际储备的 67%；当考虑了 1964—1975、1986—1988、1975—1981 年的汇率变化，以及 1982—1985 年的经济危机以后，最优储备约占实际储备的 95%。其研究表明：（爬行钉住）汇率区并未影响储备水平；货币当局期望在发生危机时保持储备的最优水平是十分困难的。

对违约概率的分析是 Ben – Bassat 和 Gottlieb 模型的重要贡献。Ben –

Bassat 和 Gottlieb 假设对国际债务违约的主权风险服从 logistic 概率函数

$$\pi = \frac{e^f}{1 + e^f} \tag{1.17}$$

其中

$$\pi = \pi\left(\frac{R}{M}, \frac{D}{X}, z_i \right) \tag{1.18}$$

有关 f 的典型设定为

$$f = a_0 + a_1 \cdot \frac{R}{M} + a_2 \cdot \frac{D}{X} + \sum_i a_i \cdot z_i, i = 3, \cdots, n \tag{1.19}$$

其中，M 代表进口，X 代表出口，且 $a_1 < 0$，$a_2 > 0$（详见 McFadden 等，1985）。在某些研究中，观测到 a_1 显著地超过 a_2，这表明流动性比偿付能力对风险溢价的影响更大。对 （1.18） 式求取 R 的导数可以看出，只要 a_1/a_2 超过进口／出口，无论储备多大、外债如何增长，储备增加都将会提高一国的良好信誉度。

然而，外债增加的负效用将会超过信誉的增进。更为合适的概率函数，应当随着上升的储备比和下降的债务率而以递减的速率增长。例如，

$$f = \alpha_0 + \alpha_1 \cdot \log\left(\frac{R}{M} \right) + \alpha_2 \cdot e^{\frac{D}{X}} + \sum_i \alpha_i \cdot z_i, \quad i = 3, \cdots, n \tag{1.20}$$

f 有关 R 的导数为

$$f_R = \left(\frac{a_1}{R} \right) + \left(\frac{a_2}{X} \right) \cdot e^{\frac{D}{X}} \tag{1.21}$$

给定充分性条件 $f_{RR} + f_R^2 (1 - 2\pi)(C_0 - rR) > 2f_R r$，$\pi^* < 0.5$ 以及 $f_{R^*} < 0$，容易发现，

$$\frac{\partial R}{\partial C_0} = -\frac{\pi_R}{EC_{RR}} > 0$$

$$\frac{\partial R^*}{\partial r} = -(1 - \pi) \cdot \frac{(1 - f_R \pi)}{EC_{RR}} < 0$$

$$\frac{\partial R^*}{\partial D_n} = -\frac{[\pi_{R,D_n} \cdot (C_0 - \pi_{D_n} \cdot r)]}{EC_{RR}} > 0 \tag{1.22}$$

$$\frac{\partial R^*}{\partial D_n} = -\frac{[\pi_{R,D_n} \cdot (C_0 - \pi_{D_n} \cdot r)]}{EC_{RR}} < 0, \text{如果} \quad \begin{aligned} \pi_{R,D_n} &> \frac{\pi_{D_n} \cdot r}{(C_0 - r \cdot R)} \\[2mm] \pi_{R,D_n} &< \frac{\pi_{D_n} \cdot r}{(C_0 - r \cdot R)} \end{aligned}$$

因而，Ben - Bassat 和 Gottlieb（1992）认为，违约成本的增加、资本产出率的下降或者储备收益的增加将会提高最优储备水平；储备和债务是互补的。同其他模型相比，Ben - Bassat 和 Gottlieb 模型更具弹性：他们更为注重借款国外债违约风险的暴露，却又不乏包含性。

对 Heller（1966）、Hamada 和 Ueda（1977）以及 Frenkel 和 Jovanovic（1981）获得的最优储备规模的比较分析显示，

Heller：
$$R^* = \left[\frac{\log(r \cdot m)}{\log\left(\frac{1}{2}\right)} \right] \cdot \sigma_1$$

Hamada 和 Ueda：$R^* = \left[1 + \frac{1}{(r \cdot m)^{\frac{1}{2}}} \right] \cdot \sigma_1$

Frenkel 和 Jovanovic：$R^* = \left(\frac{R_0}{m_0} \right) \cdot \sigma_2^{\frac{1}{2}} \cdot r^{-\frac{1}{4}}$　　　　　　(1.23)

这三个模型都依赖于成本—收益分析方法，并且都使用两个相同的最优储备决定变量——持有储备的机会成本 r 和支付平衡变化指标 σ_1 和 σ_2，前两个模型还包含了进口的平均倾向 m。在 Frenkel 和 Jovanovic 模型中，只有第一年的进口倾向被用于计算储备的固定成本。研究表明：上述三个模型对最优储备规模的分析结论是十分类似的，区别仅在于常数项的不同，相关系数高达 0.966 和 0.998。当然，这并不奇怪，因为它们均源自于一个相同的模型。

最优储备规模的成本—收益分析的主要思想后来在多种形式的 Baumol - Tobin 库存模型（外汇储备被随机化的货币账户赤字所耗尽）中得以被规范化：最优储备水平，作为一个随着储备耗散过程而波动、包含持有储备的机会成本以及储备重建和损耗的固定成本的、简单的解析表达式，可以通过模型推导获得。但同时这一分析框架存在的问题也十分明显：其往往高度简并而缺少明确定义的福利标准。

遵循宏观经济理论近来更为一般的发展趋势，有关储备充足性的晚近文献将代理人的福利作为最大化的标准引入模型。

Durdu 等（2009）对小国开放经济为应对经济周期波动、金融全球化以及“资本急停”（Sudden Stop）风险的最优预警储备累积水平进行的分析表明：金融全球化和“资本急停”风险对所观测到的新兴市场国家外汇储备的大量累积的解释是合情合理的。

Jeanne 和 Rancière（2011）模型分析了一种保险机制，而非通常的预

防性审慎储蓄。从这一角度讲，同这一模型更具可比性的是 Caballero 和 Panageas（2007）的分析。他们校准了一个动态一般均衡模型，其中易于遭遇"资本急停"的国家既可以进行传统的储备投资（持有固定收益外汇资产），又可以持有更为复杂的、收益同"资本急停"直接相关的其他资产。其研究发现：最优对冲策略可以相互替代。同时，Caballero 和 Panageas（2007）、Durdu 等（2009）获得的均是模型的数值解，但 Jeanne 和 Rancière（2011）则获得了最优储备水平的解析解。即便如此，对这一模型而言，解释亚洲新兴市场国家近期的储备累积仍然较为困难。

Calvo 等（2012）从持有外汇储备的两个重要假设出发分析了最优储备持有问题。一方面，外汇储备可能影响"资本急停"发生的概率；另一方面，外汇储备还可能影响同金融危机相关的经济成本。为确定最优储备规模，央行需要权衡储备累积对"资本急停"预期成本的影响和持有储备的机会成本。于是，货币当局最小化如下损失函数，

$$L(R) = P(SS = 1 \mid R) \cdot K(R \mid SS = 1) + \rho \cdot R \tag{1.24}$$

其中，R 代表外汇储备占产出的份额，$P(SS = 1 \mid R)$ 代表发生"资本急停"的条件概率，$K(R \mid SS = 1)$ 代表产出的条件成本，$\rho \cdot R$ 代表持有储备的机会成本，ρ 代表持有储备的收益同公债的价差。

如果"资本急停"发生的概率和产出成本都是外汇储备的函数，即 $P(SS = 1) = F(R)$ 和 $K(SS = 1) = K(R)$，则最优储备 R^* 可以表示为，

$$R^* = \underset{R > 0}{\arg\min} L(R) = F(R) \cdot K(R) + \rho \cdot R \tag{1.25}$$

任意内部解必须满足一阶条件，

$$F'(R^*) \cdot K(R^*) + K'(R^*) \cdot F(R^*) + \rho = 0 \tag{1.26}$$

若 $F(R)$ 可以通过 Probit 模型估计获得，并且成本 $K(R)$ 是 R 的线性函数，

$$F(R) = \int_{-\infty}^{\alpha \cdot R} \frac{1}{\sqrt{2\pi}} e^{-\frac{t^2}{2}} dt, \quad K(R) = \phi \cdot R \tag{1.27}$$

则一阶条件重构为

$$\frac{\alpha \cdot \phi}{\sqrt{2\pi}} e^{-\frac{(\alpha \cdot R^*)^2}{2}} \cdot R^* + \phi \cdot \int_{-\infty}^{\alpha \cdot R^*} \frac{1}{\sqrt{2\pi}} e^{-\frac{t^2}{2}} dt + \rho = 0 \tag{1.28}$$

于是便可获得最优储备水平 R^*。

分析最优储备水平的实证模型，实际上由估计"资本急停"发生概

率的 Probit 模型、联系着同储备相关的 "资本急停" 的产出成本以及其他相关解释变量构成。Calvo、Izquierdo 和 Mejia（2008）建议将 "国内负债美元化"（Domestic Liability Dollarization）和 "资本急停" 发生后实际汇率的变化作为解释系统性 "资本急停" 发生概率的主要变量。因而，将储备方程的估计形式修正为

$$\frac{\alpha_2}{\sqrt{2\pi}}e^{-\frac{A^2}{2}} \cdot B + \phi_2 \cdot \int_{-\infty}^{A} \frac{1}{\sqrt{2\pi}}e^{-\frac{t^2}{2}}dt + \rho = 0 \qquad (1.29)$$

其中

$$A = \alpha_0 + \alpha_1 \cdot (1 - \omega) + \alpha_2 \cdot DLD + X \cdot \beta + \overline{\eta}$$
$$B = \phi_0 + \phi_1 \cdot (1 - \omega) + \phi_2 \cdot DLD + X \cdot \gamma + \sigma \cdot shocksize \qquad (1.30)$$

$\overline{\eta}$ 为反映国际金融条件的虚拟变量的估计系数，R^* 代表最优储备规模。

通过分析，Calvo 等（2012）认为用于预防发生系统性 "资本急停" 的最优储备水平约占 GDP 的 25.7%。

近年来，中国外汇储备规模持续攀升，许多国内学者对中国外汇储备适度规模问题展开了讨论。罗素梅和周光友（2011）对此有过总结与评述。李巍和张志超（2009）是将金融不稳定因素引入中国外汇储备适度规模研究的重要文献。在经济全球化的背景下，经常项目交易 $CA = f(G, G^*, e)$，资本流动 $K = f'(i, i^*, \Delta e^E)$，其中 $\Delta e^E = (e^E - e)/e, e^E, e, G, G^*, i, i^*$ 分别代表汇率预期、当前汇率、国内外经济增长及国内外利率。由 $G = G(i, FP), G^* = G(i^*, FP^*)$ 及国际收支长期均衡的条件可得，$e = e(G, K, i^*, \Delta e^E, FP, FP^*)$，其中 FP 和 FP^* 分别代表国内外的财政支出。对于小国开放经济，当遭遇金融危机时，i^*，Δe^E 和 FP^* 直接影响国内的金融稳定 F 和不确定性预期 ε_i，即 $e = e(G, K, F, \varepsilon_i, \alpha)$，$\alpha$ 代表其他相关因素。在一个非同质、非线性的两期模型中，第 0 期汇率被设定为

$$e(G, K, F, \varepsilon_i, \alpha) = \alpha \cdot G(F + \varepsilon_i)^\beta \cdot K^\gamma \qquad (1.31)$$

其中，ε_i 在区间 $[-\overline{\varepsilon}, \overline{\varepsilon}]$ 上均匀分布，代表第 0 期对国内金融稳定的预期，$\alpha > 0$，$\beta \in (0, 1]$，$\gamma \in [-1, 1]$，$\gamma \neq 0$，汇率采用间接标价法，$i \in (0, 1)$。

当 $E[e(G, F, K, \varepsilon_i, \alpha) \mid F + \varepsilon_i, G, K] = \alpha \cdot G(F + \varepsilon_i)^\beta \cdot K^\gamma \leq e_0$，即 $\varepsilon_i \leq (e_0/\alpha \cdot G \cdot K^\gamma)^{1/\beta} - F$ 时，代理人便会产生金融不稳定预期，从而购入外汇资产进行避险，其数量为

$$\frac{1}{2\ \bar{\varepsilon}}\int_{-\bar{\varepsilon}}^{\left(\frac{e_0}{\alpha\cdot G\cdot K^{\gamma}}\right)^{\frac{1}{\beta}}-F}\mathrm{d}\varepsilon_i = \frac{1}{2\ \bar{\varepsilon}}\left[\left(\frac{e_0}{\alpha\cdot G\cdot K^{\gamma}}\right)^{\frac{1}{\beta}}+\bar{\varepsilon}-F\right] \tag{1.32}$$

假设国内居民持有的货币量是均匀分布的，则以本币为单位计算的需要兑换的外汇总量为，

$$\frac{M_2}{2\ \bar{\varepsilon}}\left[\left(\frac{e_0}{\alpha\cdot G\cdot K^{\gamma}}\right)^{\frac{1}{\beta}}+\bar{\varepsilon}-F\right] \tag{1.33}$$

其中，M_2 代表国内广义货币供应量。

一国持有外汇储备的主要目的在于保持国内金融稳定及实体经济增长，同时规避外部冲击带来的风险。一旦遭遇风险，央行便动用外汇储备 R 以维持外汇市场稳定，

$$\frac{M_2}{2\ \bar{\varepsilon}}\cdot\left[\left(\frac{e_0}{\alpha\cdot G\cdot K^{\gamma}}\right)^{\frac{1}{\beta}}+\bar{\varepsilon}-F\right]=\frac{R}{e_0} \tag{1.34}$$

当 $\varepsilon_i\leqslant(e_0/\alpha\cdot G\cdot K^{\gamma})^{1/\beta}-F<0$ 时，国内金融形势恶化，

$$\frac{\mathrm{d}\left(\frac{R}{M_2}\right)}{\mathrm{d}\ \bar{\varepsilon}}=\frac{e_0}{2\ \bar{\varepsilon}}-\frac{e_0}{2\ \bar{\varepsilon}^2}\cdot\left[\left(\frac{e_0}{\alpha\cdot G\cdot K^{\gamma}}\right)^{\frac{1}{\beta}}-F+\bar{\varepsilon}\right]>0 \tag{1.35}$$

$$\frac{\mathrm{d}\left(\frac{R}{M_2}\right)}{\mathrm{d}G}=-\frac{e_0^2}{2\ \bar{\varepsilon}\cdot\alpha\cdot\beta\cdot K^{\gamma}\cdot G^2}\cdot\left(\frac{e_0}{\alpha\cdot G\cdot K^{\gamma}}\right)^{\frac{1-\beta}{\beta}}<0 \tag{1.36}$$

$$\frac{\mathrm{d}\left(\frac{R}{M_2}\right)}{\mathrm{d}K}=-\frac{e_0^2\cdot\gamma}{2\ \bar{\varepsilon}\cdot\alpha\cdot\beta\cdot K^{\gamma+1}\cdot G}\cdot\left(\frac{e_0}{\alpha\cdot G\cdot K^{\gamma}}\right)^{\frac{1-\beta}{\beta}}$$

$$=\begin{cases}>0 & -1<\gamma<0\\ <0 & -1<\gamma<1\end{cases} \tag{1.37}$$

一国受金融危机的冲击 $\bar{\varepsilon}$ 越大，外汇储备同 M_2 的比值越高；当经济形势 G 恶化时，外汇储备同 M_2 的比值会上升；当本币贬值 $\gamma<0$ 时，随着跨境资本流动的增加，外汇储备同 M_2 的比值会上升；当本币升值时，跨境资本流动的减少会引起外汇储备同 M_2 的比值上升。此外，若不持有储备（$R=0$），第 0 期汇率将会出现超调性贬值，$e_0=\alpha\cdot G\cdot(F-\bar{\varepsilon})^{\beta}\cdot K^{\gamma}<\alpha\cdot G\cdot F^{\beta}\cdot K^{\gamma}$。当 $0.7<\rho<1$ 时，中国外汇储备的合意区间为 [1.391,

1.495]，其中 ρ 越大代表金融不稳定程度越高。李巍和张志超（2009）认为，为确保国内金融体系稳定，保有 1.4 万亿—1.5 万亿美元的外汇储备是必要的。

周光友和罗素梅（2011）基于多层次需求分析框架对合意储备规模的分析在晚近文献中的影响较大。在其分析中，他们对储备需求做了不同层次的区分，认为不同层次需求间存在相互替代。他们对外汇储备规模进行了静态和动态的划分，认为动态规模是静态规模扣除各层次储备需求交集重复计算后的部分，并以此为合意储备规模的上下界，对中国外汇储备适度规模进行了测算。在他们看来，目前的 3 万亿外汇储备显然已经过剩。

杨艺和陶永诚（2011）建立了一个基于年度数据的效用最大化的分析框架，其研究发现中国外汇储备适度规模的合意区间为 GDP 的 25%—30%。

韩立岩、魏晓云和顾雪松（2012）将报童模型（Newsboy Model）引入储备资产分配的研究，构建了一个在流动性资产和风险资产之间进行战略配置的随机优化模型。就其本质而言，其不过是修正版本的随机库存模型。

$$\min_{R_t} E\left[E(C_t \mid r_{oc,t})\right] = \begin{cases} \text{当 } H_t \leqslant \dfrac{S_t}{1+\theta} + R_t \text{ 时,} \\[2mm] \min_{R_t} E\left[R_t \cdot r_{oc,t} + \displaystyle\int_{B_t}^{R_t} 0 \cdot f(Z_t)\,\mathrm{d}Z_t + \int_{R_t}^{H_t} \theta \cdot (Z_t - R_t) \cdot f(Z_t)\,\mathrm{d}Z_t\right] \\[4mm] \text{当 } H_t > \dfrac{S_t}{1+\theta} + R_t \text{ 时,} \\[2mm] \min_{R_t} E\left[\begin{array}{l} R_t \cdot r_{oc,t} + \displaystyle\int_{B_t}^{R_t} 0 \cdot f(Z_t)\,\mathrm{d}Z_t + \int_{R_t}^{\frac{S_t}{1+\theta}+R_t} \theta \cdot (Z_t - R_t) \cdot f(Z_t)\,\mathrm{d}Z_t \\[4mm] + \displaystyle\int_{\frac{S_t}{1+\theta}+R_t}^{H_t} (S_t \cdot \theta + L_t) \cdot f(Z_t)\,\mathrm{d}Z_t \end{array}\right] \end{cases}$$

$$(1.38)$$

其中，R_t 代表预防性储备规模，$r_{oc,t}$ 代表储备的机会成本，S_t 代表扣除进口需求的剩余储备规模，Z_t 代表概率密度函数为 $f(Z_t)$ 的预防性储备需求量，θ 代表风险资产的变现成本，B_t 和 H_t 分别代表 t 时期预防性储备需求的下界和上界，L_t 代表即使风险资产全部变现依然无法满足外汇需求时该国经济遭受的损失。他们认为，2011 年初，中国的预防性储备量应为 17839 亿美元，满足进口需要的储备量 4022 亿美元，因而中国外汇储备的合意规模应为 21861 亿美元。

不难发现，世界经济形势演变与国际货币制度环境是国际储备理论发展的深层动因。20 世纪 70 年代以前，储备研究关注的基本问题是储备数量的不足和储备耗竭的损失。随着国际货币体系多元化格局的形成，某些主要工业国的货币被确立为储备货币，在一定程度上可以自由兑换。于是对这些发达国家而言，储备不足已不构成问题。因而 Frenkel - Jovanovic（1981）模型得到了兴起。对非储备货币国而言，情况却相当不同：一方面，战后世界经济的稳步复苏使得这些国家积累起超过必要水平的国际储备；另一方面，由于自身货币不能用于国际交易，这些国家又不得不谨慎应对国内外经济形势变化所可能导致的储备耗竭。如此，国际储备的最优规模成为这些国家关注的焦点。对中国外汇储备规模的关注，同样经历了类似的发展过程。

Kenyes 认为一国除保有满足正常需要的外汇储备外，还必须持有一定的超额外汇储备。因为正是这些超额储备在避免本国受到不利经济冲击方面发挥了重要作用。在这一思想指导下，持有储备应当是基于预防性谨慎动机。Heller（1966）模型、Ben - Bassat 和 Gottlieb（1992）模型以及效用最大化模型都以此为基石。尽管模型各有差异，但同时考虑成本和收益是这些模型的共同特点。

建立在简单的经验法则基础上的传统方法，当然具有关联性及相对简洁的吸引力，然而其在本质上是相当任意和武断的——仅关注一国外部经济脆弱性的特定方面，并获得相对分散的结论。

储备需求回归，寻求探索各国表现出的、潜藏于预警变量基础上的偏好，可能能够辨明一国持有的外汇储备是否超出同类国家；然而，使用这一方法对单个国家进行储备充足性研判依赖于这样一个假设：即，对样本总体而言，不存在趋于过度或不足保险的系统性偏差。

对持有储备的机会成本及收益进行综合考量是国际储备理论发展的重要成果。新近的成本—收益分析模型旨在为最优储备提供更加全面的阐释，但却对典型的经济结构假设十分敏感。

对中国而言，国际储备应当被视为宏观经济的稳定器。多少数量的外汇储备能够应对多大规模的经济冲击，应当是确定最优储备规模的最重要因素。然而，这一点恰恰被众多讨论中国外汇储备规模的文献所忽略。它们往往过分关注机会成本，而忽视了储备作为稳定器的重要作用。

现有文献对以下问题的研究尚显不足：

首先，成本与福利间的权衡，是近来储备规模研究关注的重点。尽管特别强调了储备抵御冲击的作用，但目前对持有储备的成本的分析仍不够深入。持有储备的成本，远非机会成本所能涵盖，冲销成本、汇率变动的资产负债表效应以及储备累积的道德风险等问题都必须仔细思考。

其次，在福利方面，除了作为宏观经济的稳定器，创新储备运用渠道，实现特定的国家利益也应当被视为持有储备的收益纳入模型的分析。

另外，对造成储备耗竭、引发经济危机的原因仍有待充分挖掘。早期的研究曾认为内源和外源因素均有可能造成储备枯竭，但 Kenyes 以后的研究通常将注意力集中于外源性因素。然而，对发展中国家及新兴经济体而言，内源性储备枯竭决不应被忽视。由单纯考虑外源性因素向对内外影响因素的综合分析的回归，是储备分析理论发展的一种必然。

第二节　外汇储备币种构成

外汇储备币种结构，是各种货币所占的份额或比例关系。目前，对外汇储备币种结构的分析，主要沿两个方向展开：一是在全球总体层面上对外汇储备币种结构的影响因素进行的分析，主要探讨储备货币相对重要性的变动情况及其可能原因；二是国别基础上有关一国外汇储备最优币种结构如何决定的研究。目前存在三种较为流行的方法：一是"交易法"（Transactions Approach），认为币种结构决策应主要关注本国的全部对外资产和负债的净值，而并非局限于外汇储备；在储备管理过程中可以通过毛额（Gross）的调整，使对外净资产的货币构成适应对外偿付等流动性需要；二是"均值—方差"分析法（Mean - Variance Approach），建立在现代资产组合理论基础上，在考虑货币当局所面临的各种约束条件后，以方差最小化为目标求取外汇储备的最优货币构成；三是"干预法"（The Intervention - oriented Approach），将注意力集中于动用储备的特定时期，主张应持有当动用储备实现特定目标时能够保证外汇储备价值最大化的币种构成。由于中国较少直接动用外汇储备进行市场干预，因而交易法和干预法的现实意义可能更大。

由于缺少必要的信息，有关储备构成的早期研究主要集中于分析黄金、外汇和 IMF 头寸等大类资产的分布。Heller 和 Knight（1978）利用 IMF 的调查数据，从全球储备总水平角度进行的分析表明，决定储备货币构成的经济因素主要包括安全性、流动性、收益及风险厌恶程度；在制度方面，国际货币安排起到了重要作用，汇率制度和贸易格局是决定币种结构的重要因素。其研究发现：为了减少汇兑风险同时保持必要的市场干预能力，一国通常持有相当比重的盯住国货币；货币当局倾向于持有较高比例的贸易伙伴国的货币。

Dooley（1986）认为货币当局持有储备的目的是基于交易和审慎动机，外汇储备的货币构成取决于储备货币的流转能力和本国的支付需要。满足对外交易的需求是储备币种结构的重要决定因素。样本期内，美元比重在发展中国家外汇储备币种构成中的波动不大，且变动来源主要是美元汇率的自身变化。但当考察对外净资产时却有所不同：样本期内，美元在各国对外净负债中的比例由 1974 年的 25% 增长到 1979 年的约 60%。因此，Dooley 认为，为更好地理解发展中国家的金融管理政策，应全面考察其资产负债表状况。在均值—方差分析框架下，以对外净头寸为基础的最优资产组合方法可以被用来分析各国的对外金融管理行为。

Dooley 等（1989）试图融合均值—方差分析法和交易法。其通过对 IMF 提供的 1976—1985 年国家组别数据的分析认为，对一国的净外币头寸应当倾向满足风险—收益权衡的需要，但对外储毛额应当主要考虑的则是满足对外交易需求。在 Dooley 等（1989）的分析中，对外贸易和外债偿付代表了交易需求，汇率制度则反映了风险—收益因素，

$$\frac{A_{i,k,t}}{\bar{A}_{i,t}} = \beta_0 + \sum_{v=1,v\neq i}^{5} \beta_{1,v}\left(\frac{TR_{i,v,t}}{TT_{i,t}}\right) + \sum_{v=1,v\neq i}^{5} \beta_{2,v}\left(\frac{D_{i,v,t}}{TT_{i,t}}\right) + \sum_{s=1}^{5} \beta_{3,s}E_{i,s,t} + \mu_{i,t}$$

(1.39)

其中，t 代表时期，i 代表国家，k 代表储备货币国（$k=1$，…，5），s 代表汇率制度的类型（$s=1$，…，5）。$A_{i,k,t}$代表 i 国在 t 时期所持有的以储备货币 k 计价的储备资产，$D_{i,v,t}$代表 i 国在 t 时期需要动用储备偿付的外债 v，$E_{i,s,t}$代表 i 国在 t 时期的汇率制度安排 s，$\bar{A}_{i,t}$代表 i 国 t 时期末的全部外汇储备，$TT_{i,t}$代表发展中国家对外贸易及外债偿付需求的总和，$TR_{i,v,t}$代表 t 时期的对外贸易。实证结果表明，无论发达国家还是发展中国家，在选择外汇储备的币种构成时都充分考虑了外汇交易构成和本国的

汇率制度安排；发展中国家同时还考虑了本国外债偿付的需要。

Horii（1986）分析 20 世纪 70 年代和 80 年代的储备货币多元化问题时发现，尽管部分国家进行了减持英镑或将美元转换成马克的操作，但样本期内并不存在大规模减持美元的投资分散化现象。他据此认为，影响币种构成的交易因素不仅包括贸易支付需求，同时还应包括由资本流动引起的支付需要。借助均值—方差分析法，Horii 同时发现，1979—1984 年间各国实际持有的美元资产远超出其最优比例；马克、法郎和英镑的实际持有量则远低于计算所得的最优比例。

Eichengreen 和 Mathieson（2000）通过 IMF – COFER 数据、World Bank 国际债务表和 IMF 国际金融统计等信息渠道，使用同 Dooley 等（1989）相同的模型及估计方法继续了类似的研究。其分析涉及 1979—1996 年间的 84 个新兴和转型经济体，考察的储备货币包括美元、马克、英镑、法郎和日元。其研究发现，无论是在 20 世纪 70 年代，还是在 80 或 90 年代，发展中国家外汇储备的币种构成都未发生显著变化。决定储备资产选择的影响因素即使有变化也是渐进演变的，发展中国家储备的货币结构变化相对缓慢。大量研究表明，由于在位优势（Advantages of In-cumbency）及网络外部性（Network Externality）的存在，国际储备的币种构成一旦形成，此后的演变就相当缓慢。

Chinn 和 Frankel（2007）认为影响储备货币构成的因素包括：（1）储备货币的长期基本面因素[①]；（2）储备货币的网络外部性；（3）储备货币的使用惯性。

显然，全球或国家组别总量层面的分析，主要集中于探讨储备币种构成的影响因素。由于使用的大多是 IMF 非公开数据或总量数据，因而难以对单个国家的研究形成有力参考。所不同的是，均值—方差方法旨在考察具体的国别对象，是一种规范化的“应然”分析（Normative Analysis）。

均值—方差分析主要考虑风险和收益两个因素，认为储备资产的效用取决于构成该组合的金融资产按某种商品篮子测度的预期价值以及这种价值的变动率；理性的持有者不应把全部财富投放到预期收益率最高的单一货币上；生产或消费不同商品和劳务的国家，应持有不同的最优金融资产组合。其将中央银行视为投资者；将央行持有的外汇储备视为资产组合；

---

① 例如占世界产出、贸易和金融交易的份额，金融市场的开放及成熟程度、市场信心等。

政策目标是寻求组合风险最小化；理论基础是 Markowitz 的资产组合理论，不同之处在于：由于央行的风险偏好系数难以确定，外汇储备币种构成的均值—方差模型一般把有效边界上的最小风险点视为最优组合点。

Ben – Bassat（1980；1984）将均值—方差法开创性地运用于分析个体国家的储备币种选择问题。其分析认为，储备货币的组成取决于三个因素：一是持有储备的动机；二是各种储备货币的风险和收益；三是本国在维持国际货币稳定中所获得的利益。其目标函数为

$$\min \sigma^2 = \sum_{i=1}^{n} \alpha_i^2 \sigma_i^2 + 2 \sum_{i=1}^{n} \sum_{j=1, i \neq j}^{n} \alpha_i \alpha_j R_{ij} \sigma_i \sigma_j \tag{1.40}$$

约束条件为

$$\rho = \sum_{i=1}^{n} \alpha_i \rho_i, \sum_i \alpha_i = 1, \alpha_i \geq 0 \tag{1.41}$$

其中，α_i 代表 i 货币的权重，σ_i^2 代表 i 货币收益的方差，R_{ij} 代表 i 和 j 货币收益的相关系数，ρ_i 代表 i 货币的收益。各种货币的收益，既取决于该种货币的利率 r_i，同时又取决于该货币相对于一篮子进口货币的汇率变化 E_i。

Ben – Bassat 对以色列数据的分析显示，储备货币构成同进口的国别比重较为接近。Ben – Bassat（1984）还发现，当风险厌恶程度较高时，发达国家的最优货币构成，同其进口篮子的货币构成较为接近。

Dooley（1986）认为，使用均值—方差法管理外汇储备币种结构时应集中于分析一国的对外资产净头寸；在储备资产管理方面，资产/负债管理技术可能比均值—方差分析更为有效；虽然均值—方差分析关注了风险和收益，但持有储备的主要动机可能还是出于流动性考虑。自此之后，由货币当局发起的有关储备资产的均值—方差分析大量涌现，如芬兰中央银行（Rikkonen，1989）、韩国中央银行（Dellas and Yoo，1991）、冰岛中央银行（Petursson，1995）、以色列中央银行（Levy and Levy，1998）的研究。此外，澳大利亚和新西兰中央银行也使用相同方法对其储备管理进行了分析。

除理论分析外，均值—方差模型在实践领域同样受到了广泛重视。Dellas（1989）通过分析 1977—1984 年的总量数据后认为，工业国家和发展中国家的储备币种管理都或多或少地受到了均值—方差法的影响。Dellas 和 Yoo（1991）对韩国数据的分析表明，中央银行实际持有的币种组

合非常接近于通过均值—方差法计算出的有效边界。然而，Petursson（1995）对冰岛数据的分析却发现，均值—方差模型难以充分解释冰岛中央银行的投资行为，但交易成本模型却能很好地解释其相对货币需求。

在储备币种构成的均值—方差分析领域，Papaioannou 等（2006）构建了一个具有交易成本的动态均值—方差最优化分析框架，探讨了主要国际货币在储备资产中的合理权重问题，是相关研究领域的一篇重要文献。在动态均值—方差分析框架内，假设存在一个采用风险分散策略的代表性中央银行，通过给定交易成本及相关约束条件，寻求自身收益的最大化。其目标函数为，

$$\max_{\omega_i,\omega_f} E_t(R_{t+1}) = \sum_{i=1}^{I} \omega_{i,t} E_t(r_{i,t+1}) + \omega_{f,t} r_{f,t+1} \qquad (1.42)$$

约束条件为

$$W'_t V_{t+1} W_t \leqslant \sigma^2, \qquad \sum_{i=1}^{I} \omega_{i,t} + \omega_{f,t} = 1, \quad \omega_i \geqslant 0 \qquad (1.43)$$

其中，$E_t(r_{i,t+1})$ 代表 i 货币在 $t+1$ 时期的预期收益率，r_f 代表无风险收益率。$\omega_{i,t}$ 代表外汇储备中 i 货币在 t 时期的权重，σ^2 代表资产组合的方差，W 为货币权重 $\omega_{i,t}$ 向量，V 代表期望收益的方差——协方差矩阵。货币当局面临的基本问题是，在给定波动率的条件下，通过选择不同的货币权重，使外汇储备的预期收益最大。

Papaioannou 等认为，利率和汇率的经常性变动使得均值—方差模型的计算结果非常不稳定，这可能是导致各国外汇储备币种构成具有较大惯性以及储备币种多样化进展缓慢的主要原因。在选择美元作为计价单位（Numeraire）时，外汇储备中的美元比重占到了60%—65%。由于各国央行储备的收益多以美元为计价单位，因而美元在各国外汇储备中均占有较高比重。据此，Papaioannou 等认为，在均值—方差分析框架内，外汇储备币种结构的重要决定因素是计价单位的选择；将交易法和均值—方差分析进行综合的基本做法是，在确定最优权重时，将本国外债的货币构成和对外贸易的国别构成视为其他约束条件。

然而，使用均值—方差分析法研究外汇储备币种构成的两个基本困难在于：难以较好地预测所选货币的预期收益及其相关关系；货币收益同利率和汇率变动有关，即便利率在短期内保持稳定，预测汇率仍十分困难。Papaioannou 等考虑了四种不同的汇率变动模式：一是假设汇率按随机游

走方式变动，据此便可将当期汇率视为下一期汇率的预期值；二是货币当局对汇率变动掌握完全信息，汇率预期从而就是已实现汇率；三是假设汇率变动遵循非抵补的利率平价，此时货币的预期收益相等；四是非抵补的利率平价条件依然成立，但在资产结构调整过程中各货币的交易成本不同。在最后一种情况下，各种货币总收益同无风险资产的收益相同。Papaioannou 等假设，为实现分散化与多元化，货币当局愿意承受一定风险。通过引入交易成本，Papaioannou 等将研究问题动态化。此外，外汇储备货币构成的初始配置比例对于最优化过程十分重要，因为它影响着货币预期收益。Papaioannou 等采用三种方法对预期收益的方差—协方差矩阵进行了描述。一是通过分析历史数据获取相关关系。在考察期内，如果方差—协方差关系保持稳定，便可使用历史相关作为未来的近似替代。二是通过常条件相关多元 GARCH 模型（CCC – GARCH）预测方差—协方差阵。三是考虑数据间的时变相关关系，使用动态条件相关广义自回归条件异方差（DCC – GARCH）模型进行估计。尽管比较创新，但 Papaioannou 等（2006）对均值—方差分析的改善仍是有限的：在风险度量上，其并未考虑尾端概率和"黑天鹅"①事件等问题；在分析方法上，也未能突破储备币种构成均值—方差分析的静态框架，距离多期及动态模型尚有距离。

在具体应用中，计价单位的选择、货币收益率的计算以及方差—协方差阵的估计等都是均值—方差分析的重要问题。

计价单位，也就是度量资产组合价值的会计单位。Papaioannou 等（2006）及 McCauley（2008）等都认为，在计算资产预期收益率和收益率的方差时，计价单位的选择对最优货币构成会产生重要影响。Borio 等（2008）则认为，计价单位选择的主要依据应是储备运用的目的。Ben – Bassat（1980）强调货币当局持有储备的主要动机是进行外汇市场干预，因而计价货币应当是外币或一篮子货币（Rikkonen，1989）。Dellas（1989）特别强调外币用于支付经常项目逆差的作用。他认为储备资产价值和收益应以被用于进口支付时的不变购买力来衡量。Beck 和 Rahbari（2008）认为货币当局的储备管理目标是最大化本国消费，因而合理的做法是在计算储备收益时使用本币作为计价单位。Borio、Galati 和 Heath（2008）则指出，如果持有储备的主要目的是干预外汇市场，计价单位当

---

① 指非常难以预测且不寻常的事件，通常会引起市场连锁负面反应甚至颠覆。

选美元；如果持有储备是为了自我保险，则计价单位应选进口篮子；如果持有储备是为了对冲资本项目的交易风险，那么以资本项目下负债科目的货币构成为计价标准就是不错的选择。McCauley（2008）认为，选用本国货币作为计价标准的做法近年来有增多的趋势。

在非抵补利率平价的假设条件下，计价单位的选择主要通过影响货币收益的波动率来影响外汇储备的货币构成。如果选用外币或一篮子货币作为计价单位，那么储备资产的币种构成就会向该外币或货币篮子倾斜；如果选择本币作为计价单位，那么储备的币种构成便会向与本币汇率保持稳定的外币倾斜；如果本国实行固定汇率制度或者汇率制度受到严格管控，那么外汇储备的币种构成将会反映其汇率所跟踪的货币或一篮子货币（McCauley，2008）。

在计算货币收益率时，如果使用外币作为计价单位，那么除考虑该外币利率因素外，还需考虑汇率变动对总收益率的影响。Papaioannou 等（2006）将 i 货币在 t 时期的收益率分解为如下形式的一年期利率和汇率的变动率之和，

$$E_t(r_{i,t+1}) = b_{i,t} + E_t(s_{i,t+1} - s_{i,t}) \tag{1.44}$$

其中，$b_{i,t}$ 代表 i 货币的利率，s 代表汇率。

如果将储备视为主要用于满足进口支付并按实际购买力进行管理，那么通常使用进出口指数作为计价单位。此外，计算货币收益率还需考虑通胀因素等。Petursson（1995）的计算公式如下，

$$\mu_{i,t} = \frac{(1 + r_{i,t})\left[\dfrac{E_t(e_{i,t+1})}{e_{i,t}}\right]}{\left[\dfrac{E_t(P_{t+1})}{P_t}\right]} - 1 \tag{1.45}$$

其中，$r_{i,t}$ 代表 i 货币债券在 t 期至 $t+1$ 期间的名义收益率，$e_{i,t}$ 代表汇率。$P_t = \prod_{i=1}^{N}(e_{i,t}P_{i,t}^*)^{a_{i,t}}$ 代表进口价格指数，$P_{i,t}^*$ 代表 i 国的进口价格水平，$a_{i,t}$ 代表 i 货币的权重。

在理论上，计算收益时使用进口货币权重比使用进口额比重更为准确。然而，限于数据的可获得性，目前绝大多数研究均使用进口额比重进行计算，尽管这可能低估美元的重要性。Dellas 和 Yoo（1991）结合韩国央行提供的内部资料，使用实际进口货币比重计算实际回报率的研究发现，美元的最优权重得到了明显提高。

在均值—方差分析框架下，方差—协方差阵的细微差别也可能引起最

终结果的重大变化。传统上，通常假定方差—协方差矩阵不随时间改变。但这一假定近来却备受质疑。对这一问题的一个可行的改进方向是采用GARCH 模型对其进行估计。此外，将均值—方差分析动态化和多期化，是另一个值得关注的重点。自 Smith （1967）起，大量学者对跨期资产组合最优化问题展开了讨论，如 Pliska （1997）、Brandt （2009）等。此外，在均值—方差分析框架内，仍待解决的另外两个难题是估算不同货币资产收益率的概率分布以及最优权重的置信区间。

近年来，有关中国外汇储备币种构成的研究逐渐兴起。

盛柳刚和赵洪岩 （2007）假设储备资产仅包含欧元和美元两种货币，将每期的外汇储备区分成上一期外汇储备及其收益、本期储备净交易数据以及汇率变化所导致的资本损益三部分的和，并通过将外汇占款折算成以美元计价的本期储备交易数据，对 2000 年以来中国外汇储备中欧元资产的比重进行了估计。其分析发现，2003 年之前，中国外汇储备中欧元资产比例不足 8%；2003 年以后，欧元资产比重急剧上升至 26.7%；中国政府并未大规模抛售美元、增持欧元，导致欧元比重上升的主要原因是汇率变化。

杨胜刚、龙张红和陈珂 （2008）认为，如果外汇管理局特别关注安全性而不计收益性，那么应当增持日元和英镑；如果在安全性考虑之外同时兼顾适度收益，则应增持美元和欧元；如果特别强调收益时，则应在外汇储备投资中增加欧元和英镑的比重。当市场环境稳定时，应加大对美元和日元的投资、减少欧元和英镑的投资；当市场条件恶化时，则刚好相反。另外，如果外汇管理局的风险厌恶程度较高，那么外汇储备投资应以美元为主。

刘莉亚 （2009）认为相比出口贸易结构和外债结构，汇率制度对中国外汇储备币种结构的影响最大；在人民币汇率形成机制不断完善之际，应当降低外汇储备中的美元比重。黄泽民 （2010）认为，黄金在国际储备中的比例不应低于 30%，并应逐步提高黄金储备规模以适应人民币国际化的需要。

孔立平 （2010）分析了不同因素对中国外汇储备币种结构的影响。其以一年期 LIBOR 利率作为名义收益率，以美元为计价货币，假设方差—协方差关系保持稳定，计算了符合风险收益标准的外汇储备币种构成；并且，在考虑贸易结构、外债结构、FDI 来源及汇率制度等影响因素基础上，探讨了中国外汇储备的币种结构问题。

孔立平认为，人民币汇率参考一篮子货币进行调节降低了中国外汇储备中美元资产的比重。其以0.56作为风险收益因素的权重；以0.26作为贸易结构因素的权重；以0.03作为外债结构因素的权重；以0.08作为FDI来源结构因素的权重；以0.07作为汇率制度因素的权重，对上述影响因素进行权衡后发现：中国外汇储备币种构成的合理结构为31%—37%的美元、8%—11%的日元、50%—55%的欧元以及9%—13%的英镑以及其他货币。尽管希望突破均值—方差分析框架的束缚、尝试着考虑更为全面的影响因素，但缺乏必要的理论基础以及主观因素过重是孔立平（2010）研究难以回避的问题（见表1—1）。

表1-1　　　　　不同影响因素下中国外汇储备币种结构　　　　　单位:%

影响因素 币种	风险收益	贸易结构	外债结构	FDI来源结构	汇率制度
美元	15—20	42—50	68—75	70—75	55—60
日元	2—4	20—23	10—13	9—14	15—20
欧元	80—85	12—17	7—10	9—14	15—20
英镑及其他货币	6—10	19—23	7—12	7—10	5—10

资料来源：孔立平（2010）。

王永中（2011）以美国财政部TIC报告为基础，探索了中国外汇储备的币种及证券资产构成，同时以美元为计价货币、以央票利率和法定准备金存款利率的加权平均作为代表，分析了持有外汇储备的成本及收益问题。他认为，中国外汇储备实际上面临三大类潜在风险：一是以"两房"债券为代表的机构债的违约风险；二是利率及通胀风险；三是汇率风险。其分析认为，除币种多元化及减持"两房"债券外，降低长期债券比重是中国外汇储备管理的可行之道。

张斌（2011）以进出口商品和服务篮子为计价单位，测算了亚洲主要货币、美元及澳元长期债券的实际收益情况，并认为从储备资产保值增值的角度考虑，相比美元，亚洲国家货币和澳元对中国更具吸引力。其研究实际上支持亚洲国家互持储备的倡议。

宋晓东和韩立岩（2012）运用DCC-GARCH和均值—CVaR（Conditional Value-at-Risk）模型，在风险收益框架下，分析了中国外汇储备币种配置问题，并认为引入CVaR以后能够有效降低外汇储备风险。

Shi 和 Nie（2012）突破了 DCC – GARCH 基础上的均值—方差分析框架的限制，率先探讨了中国外汇储备币种结构调整的动态最优路径问题。

2008 年全球金融危机过后，国际货币体系演变的一个重要趋势是，美元在新兴经济体外汇储备币种构成中的比重有所下降。其可能反映了这样一个事实：随着外汇储备规模的不断增长，用于满足交易需要的储备的重要性正在下降。2005 年以后，币种结构的相对稳定可能反映出均值—方差分析框架在各国外汇储备管理过程中开始发挥更大的作用。进入新千年以来，全球经济金融负面事件频发，货币当局作为一国金融体系风险管理者的角色日益加强。风险管理已经成为货币当局管理外汇储备的重点关注。VaR 及 CVaR 成为外汇储备风险管理的重要工具。对中央银行进行压力测试、战略性资产负债管理以及动态随机最优化分析等现代资产组合管理技术正在悄然融合纯粹宏观经济导向（关注持有储备的宏观经济收益，以规模管理为主）及纯粹微观经济导向（更多关注风险和收益，以币种和资产结构管理为主）的外汇储备管理模式。Classens 和 Kreuser（2007）试图将储备管理的宏观考量同微观导向相融合，发展了一种涵盖不确定性的决策树模型，将动态随机最优化方法和压力测试引入外汇储备管理的研究。此外，Chiu 和 Li（2009）还分析了"安全第一"原则下的资产组合配置问题，发现均值—方差模型是将负债设定为零时的特例。显然，将资产和负债同时纳入分析框架已经成为时下外汇储备各方面研究的共识。

第三节　外汇储备管理

外汇储备管理涉及储备规模控制、资产结构调整、投资工具选择以及资产运用与风险管理等现实问题。20 世纪 60 年代及 70 年代早期，储备管理主要集中于流动性考虑，投资利润通常被忽略了。储备的持有成本也被视为政策成本而缺少度量。70 年代末期，由于货币市场和利率市场的剧烈波动，中央银行开始关注利率和货币的错配以及风险控制需求等问题。80 年代，储备管理更为积极，中央银行认识到持有储备的成本可以得到控制，储备也可以产生利润。随着管理货币和利率风险的多种衍生产品的发展，证券部门开始竭力招揽中央银行，力争将其发展成为客户群中的一员。由于市场环境日益复杂,就营利性而言,90 年代的储备管理并不尽如人意。2000 年以前,中央银行特别强调储备资产的高收益。2008 年金融危机期间及此后,评价并改进流动性和信用风险建模需求的倾向变得愈发明显。

在储备资产的风险度量方面,Bert 和 Han(2004)通过资产负债表对中央银行资产面临的潜在损失及收益进行了估计,为度量外汇储备的市场风险提供了一定参考。Lev 和 Jay(2004)将 Lehman Brothers 市场风险模型引入外汇储备中债券资产市场风险的管理。Delgado 等(2004)使用动态方法构建了储备流动性危机模型,考察了储备资产流动性的时间因素。

在中国外汇储备的风险管理方面,朱孟楠和喻海燕(2007)认为,加强中国外汇储备有效管理的现实选择在于:更新储备观念,进一步明确管理目标;强化职能,完善监督机制;增大资产配置的灵活性和多元性,主动调整存量;控制增量和增速,追求储备增长与经济增长的相互协调;建立风险管理体系,全面降低储备风险。李卫兵和杨鹏程(2012)使用 VaR 方法对中国外汇储备的利率风险进行了度量。

在外汇储备战略配置方面,Pierre 和 Coche(2004)认为央行必须建立一个储备资产的战略组合以便满足总体政策目标要求。Peter 和 Zwanenburg(2004)认为,建立外汇储备的战略组合之前,首先,必须评估资产组合可以接受的总体风险(比如,资产回报可以接受的最大波动率等);其次,还须决定风险预算的分配;最后,应基于各种现实约束(诸如,回报预期、可利用的资源、操作性事务等)的限制及流动性需求等方面的要求对储备资产加以分配。

在储备资产管理方面,McCauley 和 Rigaudy(2011)发现,储备资产构成中短期资产的比重由危机前的 30% 下降为 2010 年末的 19%;次贷危机前(2007 年末)的外汇储备短期资产构成中,美国国库券的比例为 15%,到 2010 年末却上升至 50%,同时银行存款由近 90% 下降到不足 45%。危机期间,储备管理者减持银行存款、回归主权或半主权安全债券的操作十分明显。与此同时,在长期资产管理方面,美国国债比重由危机前的 57% 上升至 2010 年末的 68%,将公司债及股权转换成国债的操作十分明显;在机构债券中,ABS 债券比重由 2007 年末的 34% 上升至 2010 年末的超过 60%。McCauley 和 Rigaudy 认为,即便已经降至谷底,但仍难以预测储备资产中银行存款比重是否能够回归至危机前的水平；在机构债方面，MBS债券替代信用债券的趋势有所显现。他们认为，除了继续推进多样化以外，中央银行可能会延展其期限结构，增加长期资产配置。Lipsky（2011）认为，一年期美国债券利率目前正处于历史最低水平，持有大量储备的国家可以考虑缩短其持有的政府债券头寸的到期结构。Cheung 等（2011）建议将中国的外汇资产"人民币化"。Dominguez（2012）使用 SDDS（IMF Special Data Dissemination Standard）数据对全球金融危机期间的储备管理行为进行分析后发现：在全球经济危机期间，外汇储备在宏观经济管理方面起到了重要作用；许多新兴市场国家主动消耗了储备；危机前超额储备较多的国家最可能在危机期间动用储备。

　　国际经验表明，在外汇储备管理方面存在以下两点共识：一是外汇储备持有者因国而异；二是外汇储备投资趋于多样化。由于处理内外均衡关系的模式存在重大差异，对储备持有主体的安排，通常因大国和小国而截然不同。美国、英国、日本和韩国等均确定由货币当局专司内部均衡，由财政当局负责外部均衡。由于小国开放经济高度依赖外部环境，因而外部均衡通常较内部均衡更为重要。对新加坡和中国香港特别行政区而言，由货币当局管理储备是维持汇率稳定及经济正常运转的重要安排。从国际经验来看，当规模不大时，保持必要的流动性是储备管理的首要目标；而在规模较大时，对储备实行分档管理，成为提高储备管理效率的重要考虑。自 1997 年起，韩国管理当局便将储备资产划分为流动性部分、投资部分及信托部分分别管理；2003 年，又成立了韩国投资公司。新加坡除分档管理外，更以主权财富基金管理闻名于世。

　　在外汇储备管理体制方面，挪威外汇储备的积极管理采用的是财政部和挪威银行联合主导下的 NBIM + NBMP/MOD 模式①，挪威银行实际上掌控了外汇储备管理的主导权。《挪威政府石油基金投资指引》规定了风险控制的基本原则②，内容涉及：对资产配置的直接限制；对信用风险的限制；对债权的持有期限的规定（一般为 3—7 年）；对投资基准的最大偏

①　NBIM 为挪威银行投资管理公司；NBMP 为挪威银行货币政策委员会；MOD 是 NBMP 的市场操作部。

②　出于如下三方面的考虑：将国家财富从石油转变成多元化的金融资产；作为政府的预算缓冲；在代际间更公平地分配财富，应对老龄化社会等问题，挪威政府于 1990 年设立了石油基金。

离限制。NBIM 实行指数化投资。新加坡的外汇储备管理采用的是财政部主导下的 GIC + Temasek + MAS 模式①。GIC 主要进行金融资产投资；Temasek 主要进行实业投资，原本投资范围主要在新加坡，随后扩展至全球。1991 年《新加坡宪法修正案》建立了保护关键资产和外汇储备的"两把钥匙"制度，规定了总统对政府动用或者减少既有储备的决定拥有否决权。GIC 和 NBIM 都把主要工业国（G3 国家）的通货膨胀率作为衡量业绩的基本标准。何帆和陈平（2006）认为，新加坡和挪威的实践表明外汇储备的积极管理能够提高收益；可以发挥外汇储备在国家经济发展中的战略作用；能够避免国内经济政策效果被削弱。

在中国外汇储备管理体制改革方面，除将短期投资长期化及提高竞争力外，何帆和陈平（2006）特别强调了中国在重要资源市场缺乏定价能力这一事实，因而主张建立中国的国家物资储备机构。在当今中国，同外汇储备积极管理有关的职能分散于若干不同的政府部门手中：流动性管理归于国家外汇管理局的储备管理司；对国有大型企业的管理职能，归于国资委；对国有金融企业的管理归属中央汇金公司；大宗商品储备管理归于国家发改委，因而建立统一的外汇储备管理体制十分必要。

张燕生、张岸元和姚淑梅（2007）认为，应当探索将外汇储备用于支持国内经济结构调整以及和谐社会建设的可行渠道。

李扬、余维彬和曾刚（2007）认为，中国外汇储备管理体制改革的基本任务之一，是阻断外汇储备动态同外汇占款间的僵硬联系；主要目标是更加有效及多样化地运用外汇储备；根本任务是建立资源配置的全球化战略。

Hu（2010）认为，中国外汇储备的增长难以避免，在国内两极分化形势日益严峻，居民、公司及政府储蓄率居高不下，中国经济再平衡问题日益凸显的现实条件下，应当成立"中国投资公司Ⅱ"（CIC2），在"外汇管理局—中投公司—中投公司Ⅱ"的框架内管理中国的巨额外汇储备。张燕生、张岸元和姚淑梅（2007）也提出了建立国家外汇投资公司的类似观点。

朱孟楠和陈晞（2009）将次贷危机中外汇储备亏损的原因归结为储备资产单一化、管理及投资理念的欠科学化和片面化以及风险评估及预警

---

① GIC 为新加坡政府投资公司；MAS 为新加坡金融管理局。

机制的缺位化，并主张在转变储备投资理念的基础上，通过（管理储备的）主权投资机构间的协调与管理以及搭建统一的投资服务平台，对后危机时期的中国外汇储备进行优化管理。

谢平和陈超（2009）认为，对大多数经济实力达不到作为主要货币国标准的国家而言，在现有的国际货币体系下，如何能做到既规避汇率波动带来的风险，又避免外汇储备过高带来的资产缩水等问题呢？对大多说国家来说，建立主权财富基金可能是更加现实的选择。

李翀（2010）认为除建立政府石油储备、以贷款换石油和增加黄金储备外，还应当限制部分产业的出口。

王永利（2011）认为，储备的本质是中央银行购买、存储并管理外汇；是中央银行投放货币的一种渠道（由此形成的外汇储备本质上应该是一种货币发行储备物）；是流通中货币的抵押物或担保品。央行坚持收兑流入国内的各种外汇，主要还是为了控制人民币汇率的过快上涨，进而保证出口、经济增长和就业不出现重大波动。对外汇储备进行合理分流，最为合理的选择是用国家财政收入或发行专项国债予以购买，形成国家专项外汇基金。

张斌（2011）认为，中国国际投资头寸表中最为突出的总量问题是对外资产远大于对外负债；目前的外汇储备管理格局是造成外汇储备收益率低下的主要原因；中国外汇储备管理体制改革的重点是通过"还汇于民"的方式将外汇储备向私人部门转移并积极鼓励金融机构参与对外证券投资。

钟伟（2011）对中国外汇储备管理思路的设计为：将外汇储备区分成对冲性储备和储蓄性储备两大类；对冲性储备仍以固定收益投资为主，兼顾安全性和流动性，储蓄性储备将以股权和实物资源投资为主，强调投资的长期价值；储蓄性储备应当同时考虑发达国家和新兴经济体内的投资机会。

黄益平（2011）认为用外汇储备投资战略实物资产存在三个困难：一是缺乏专业人才，过去投资屡屡失败是有先例的；二是相对于中国的外汇储备，这些资产市场比较小，一旦进入就可能大幅推高价格；三是一旦需要外汇，如何在短期内兑现？

王永中（2012）认为，2002—2008年中国货币当局持有外汇储备的成本稳步上升；在全球流动性泛滥和市场利率大幅下跌之时，外汇储备投资只能获得较低收益，中国外汇储备适度规模管理亟待破题。

赵振宇和刘善存（2012）在 Black–Scholes 模型基础上考察了制度因素对外汇储备增长的惯性影响，并认为即便取消了强制结售汇制度，多年来在其影响下形成的储备累积习惯仍是引起中国外汇储备持续增长的重要原因。

在中国外汇储备与汇率制度关系方面，管瑞龙和杨志（2011）认为，在汇率制度改革过程中，既有的汇率错位和通常伴随的汇率超调往往导致央行发生"实际汇兑损益"，可能导致对国家外汇储备的"非对称分配"①。李杰、陈婧和张礼卿（2012）认为汇率制度和外汇储备持有量之间存在倒 U 形关系：在汇率制度由固定经由中间汇率制转向自由浮动的过程中，外汇储备持有量将表现为先增加、后减少的特征。他们认为并不需要过分担忧中国的外汇储备累积问题：当汇率制度趋于完善时中国的外汇储备必然会减少。

国内储蓄率过高及全球经济失衡被认为是中国外汇储备增长的重要内外部原因。无论是经济因素还是体制问题，要在短期内将其矫正绝非易事，因而中国外汇储备很可能继续增长或者至少在未来较长一段时间继续保持目前规模。这就意味着，转变传统的储备管理体制为灵活有效的储备管理框架，将是目前工作的重点。

本章小结

外汇储备管理，涉及诸多问题，需要平衡包括从广泛的宏观经济政策（如货币政策和外汇管理）到微观决策问题（如定义资产组合基准和评估投资管理人）等的许多目标。不仅如此，源自法律、人力资源、资本市场、制度及其他方面等的诸多约束都影响着储备管理目标的可获得性及可践行性。

近年来，有关储备管理的研究众多，位于文献两端的是传统的、纯粹宏观导向的探索和纯粹微观视角的风险/收益导向的分析。

---

① 央行购汇，在人民币低估时相当于补贴流入资金；在人民币高估时相当于补贴流出资金。

传统的外汇储备宏观管理目标经常被构筑成兼顾货币政策和汇率管理。在实行固定汇率制或者资本频繁流动的、有管理的浮动汇率目标区的国家里特别如此。外汇储备必须能够缓冲超过支付平衡的资本外流；储备管理主要涉及流动性管理，目的是在任何时候都能够获得充足的自由储备以进行外汇市场干预。宏观经济目标的优先等级通常高于外汇储备管理。更为一般的，宏观经济文献通常将持有储备视为平滑短期外部冲击（如由贸易结构冲击导致的进口变化，由金融冲击导致的资本账户变化等）的一种方式。为应对这些情况，沿着公司最优库存现金管理的脉络发展出大量储备规模管理规则。其最简单的实践应用是设定外汇储备与进口的最小比值，例如持有至少等于 12 个月进口的外汇储备。然而，对国际储备需求的类似规则，大多只关注实际变量（如进口、出口及贸易结构冲击的严重性，以及货币政策需要），而并未考虑金融或资产负债表变量。

过去十年，主权债务和储备管理的关系引发了大量关注。除了债务规模，外债到期结构的重要性也得到了广泛强调。典型的例子是，各国政府发觉举借短期外债（相对而言）并不那么昂贵，因为价差通常包含了期限溢价（对于新兴市场国家而言更是如此）。然而，较高比例的短期外债倾向于增加自我实现的危机发生的概率，因为投资者可能突然决定不再继续对到期债务进行展期或者要求提高新债务的收益。随着外汇储备相对到期债务比例的下降，发生货币或者金融危机的风险可能激增。公共债务的结构，特别是其期限结构和货币构成，事实上在最近的危机中具有重要的含义。在这样的背景下，显著规模的公共债务（外债）是以外币或者同外币相联系的，当汇率贬值时便将提高债务比，进而引发对外汇储备和汇率的压力，因为产生了对公共部门和私人部门融资能力可持续性的怀疑。

当货币政策、汇率和债务管理问题并不那么紧要，并且金融或者公司部门的脆弱性较小时，微观视角的储备管理研究便得以迅速发展。其更可能出现在一个追求灵活的汇率政策、推行可信的财政政策和制度框架、国内金融市场较为发达的国家。储备管理更为积极的方法是强调利润目标，这一目标的应用可能涉及将储备资产划分为"积极"和"消极"两部分。消极储备资产组合将主要被用于实现宏观经济目标，并主要以流动性管理为主；积极储备资产组合将被用于利润目的，特别是兼顾负债管理目标，其管理更加侧重探索可利用的策略风险管理工具的广度（包括可投资和借入的资产类型、远期合约、掉期协议，其他金融产品和期权等），并使用在险价值 VaR 进行风险计量。

无论是否明确区分两类资产组合，其事实上涉及管理目标的不同。在分管制的情形中，可能假设两部分间很少或者不存在溢出效应，至少在管理者看来是如此。"分档"管理典型地涉及不同的制度安排、不同的资产组合和不同的投资工具。

从资产／负债（Asset – Liability Manangement，ALM）管理角度考虑，消极的储备资产组合管理可能类似于一般的、更加宏观导向的流动性管理；积极资产组合的 ALM 管理将非常接近于商业银行或者公司面临的 ALM 问题。

从文献发展的角度来看，宏观层面的外汇储备管理已经得到了广泛讨论。鉴于频繁发生的金融危机，储备和债务的关系目前仍然吸引着大量关注。近年来发生的数次金融危机特别强调私人部门的债务管理可能加剧经济和金融冲击的事实，因而可能掩盖了外汇储备和公共外债协同管理的必要性。

随着储备的快速累积，在微观层面上改善外汇储备管理近来得到了更多关注。其通常涉及寻求更广泛的投资领域及更大数量的可利用金融工具。这些都促进了将原本流行于私人部门资产管理的方法应用于外汇储备的管理，同时也促进了更为积极的储备管理策略及方法的发展。

尽管这些宏观目标和微观问题已经得到广泛思考及大量文献的分析讨论，但其二者却并未被联合考虑过——至少没有在一个完整的、统一的分析框架内被考虑过。

在微观层面上，有关外汇储备投资管理决策的分析，通常将某些宏观目标视为外生给定的确定性条件，着力探讨狭义的风险权衡问题；相反，宏观方面的储备管理文献通常更为关注储备管理和汇率决定的联系，而较少考虑具体的投资决策（如货币构成和期限结构）问题。

近来的经验表明，上述外汇储备管理目标的可分离性假设并不应被视为理所当然，因为在宏观和微观经济的多个方面、在外储和外债管理间存在多方联系和反馈。例如，金融危机文献特别关注政府的整体平衡表需求，当进行外汇储备和外债管理时，事实上将国家视为一个整体，特别强调了私人部门的资产管理和金融部门的脆弱性可能影响公共债务和储备管理。

实际上宏观层面和微观角度的储备管理目标及工具通常可以混合或者

通过一种层级形式进行整合。树形基础上的不确定结构（Tree – based Un-certainty Structure），为整合多种缺乏联系的模型提供了看似合理的分析起点。其允许使用者超越经典的风险/收益分析、有效前沿分析及（考虑更一般的目标函数、行为关系、等式及不等式约束的）效用函数方法等现有分析框架，探寻依赖于最优决策的任意结果的全部密度函数。

　　总之，外汇储备管理涉及许多目标的混合（包括安全性、流动性、营利性和稳定性）；同时必须处理好三大类基本问题（规模、币种构成及投资工具选择）。

第二章 中国外汇储备规模优化

中国外汇储备增长变化，大致可以分为三个阶段：

1979—1989 年是外汇储备极度短缺时期。这一时期，国民经济飞速发展，需要更多外汇进口急需的机器设备。这一时期的外汇储备很难满足进口用汇需求：一方面，国家大力支持出口创汇，集中有限资源换取外汇；另一方面，当时出口的主要是初级产品，附加值较低，出口创汇能力不高。这种因经济发展而引致进口增加、国际收支逆差的状况使中国外汇储备始终保持在较低水平。

1990—1993 年是外汇储备初具规模时期。由于出台了一系列鼓励出口的优惠政策和限制进口的措施，工业制成品出口比重不断上升，深加工、高附加值商品出口增长迅猛；进口产品中，高档消费品明显减少，国际收支开始出现顺差，外汇储备逐步累积。

1994 年开始是外汇储备的快速增长时期。自外汇管理体制改革开始，中国外汇储备便步入高速增长期。1995—2008 年末，中国外汇储备从 736 亿美元迅速扩张到 1.95 万亿美元，增长了 20 倍。2002—2010 年，外汇储备由 2864 亿美元增加到 28473 亿美元，年均增速保持在 33%，2011 年更一举突破 3 万亿美元（见图 2-1）。

中国外汇储备实际上是在强制结售汇①、银行外汇周转头寸限制和事

---

① 计划经济时期，由于外汇短缺，中国对外汇收支实行严格的指令性计划管理。1994 年 1月，中国取消了经常项目用汇计划审批。1996 年 12 月，宣布实现经常项目可兑换，但事实上企业出口等外汇收入原则上仍要卖给外汇指定银行。2001 年，允许符合条件的企业经批准后开立外汇结算账户，保留一定限额的外汇收入。2002 年，取消开户条件限制，同时规定外汇账户内保留外汇的限额为企业上年度经常项目外汇收入的 20%。2004 年，将账户限额提高到 30% 或50%。2005 年，进一步将账户限额提高到 50% 或 80%。2006 年，取消开户事前审批，同时改变之前仅按收入核定限额的方法，按照企业上年度经常项目外汇收入的 80% 与经常项目外汇支出的 50% 之和核定限额。2007 年，取消账户限额管理，允许企业根据经营需要自主保留外汇。2008 年，国务院对《外汇管理条例》进行了修订，明确企业和个人可以按规定保留外汇。2009年以来，为进一步促进贸易投资便利化，外汇管理部门大力开展法规清理，涉及强制结售汇的规范性文件被宣布废止、失效或修订。目前，强制结售汇政策法规均已失效，实践中不再执行。

实上的固定汇率制三位一体的条件下形成的。结售汇制度，从本质上讲是一种"外汇集中制"，即把民间的大部分外汇和政府其他外汇资产率先集中出售给指定银行，在外汇周转头寸限制下，指定银行将多余的外汇在银行间外汇市场出售；为了保持人民币汇率的稳定，中央银行将供过于求的全部外汇买下，转化为官方外汇储备。在这一过程中，结售汇扩大了外汇储备的边界。因此，中国外汇储备不仅是通常意义上的外汇储备，它还包括了本应属于政府其他外汇资产以及企业、居民持有的外汇资产的一部分。

第一节　外汇储备累积的宏观经济影响

《老子》有云：祸兮福之所倚，福兮祸之所伏。对外汇储备持续累积之经济影响的分析，正反映了哲学上这种辩证转化的思想：改革开放初期，外汇储备累积为进口原材料进行社会主义经济建设提供了必要的资金支持，被认为是"真金白银"及国家财富；然而，随着改革的不断深入，持续膨胀的外汇储备，却又被视为中国经济内外失衡的重要表象，更成为美国等贸易逆差国宣扬"人民币低估"论的重要口实，被指暗藏巨大风险及潜在损失。

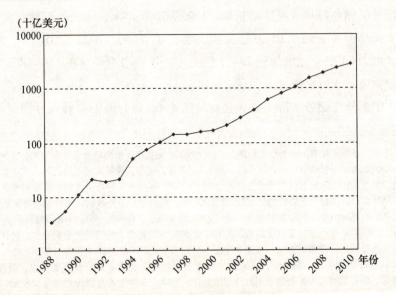

图 2 - 1　外汇储备规模

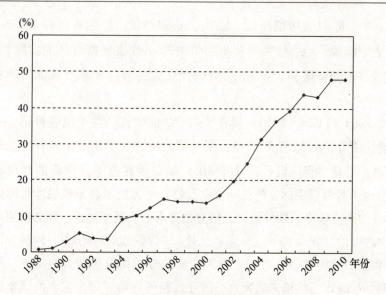

图 2-2 外汇储备占 GDP 的百分比

自 1988 年起，中国外汇储备实现了年均 13.3% 的高速增长，外汇储备占 GDP 的比重也由 0.83% 上升到 2010 年的 48.01%。外汇储备超常规增长对中国宏观经济的影响特别值得关注（见图 2-2）。

一 一个小国开放模型

Fukuda 和 Kon（2010）模型的主要目的是分析一个小国开放经济中外汇储备累积对宏观经济变量的长期影响。假设①小国开放经济体依靠举借外债生产两种最终产品：贸易品和非贸易品，代表性行为人最大化如下递增且严格凹的效用函数

$$\sum_{j=0}^{\infty} \beta^j U(c_{t+j}^T, c_{t+j}^N) \tag{2.1}$$

其中，c_t^T 代表贸易品消费，c_t^N 代表非贸易品消费，β 代表折现因子（$0 < \beta < 1$）。

国内债务的净供给为 0，代表性行为人在国际市场上是净债务人，其预算约束为

$$b_{t+1}^A + b_{t+1}^B - k_{t+1} = (1+r)b_t^A + \left[1 + r + \rho\left(\frac{b_t^A}{R_t}\right)\right]b_t^B -$$

$$k_t - \left[y_t^T + p_t^N y_t^N - \phi\left(\frac{b_t^A}{R_t}\right) - c_t^T - p_t^N c_t^N - T_t\right] \tag{2.2}$$

---

① 为简便起见，假定资本是可交易且不存在价值贬损的；$1 + r < 1/\beta$ 确保了模型存在稳态解。

　　其中，b_t^A 代表短期外债，b_t^B 代表长期外债，k_t 代表国内资本存量，T_t 代表定额税①，p_t^N 代表非贸易品价格②，r 代表短期外债的实际利率，R_t 代表外汇储备规模，y_t^T 和 y_t^N 分别代表贸易部门和非贸易部门的实际产出。

　　Fukuda 和 Kon（2010）具有区别于此前研究的两个显著特征：一是"流动性溢价"$\rho(b_t^A/R_t)$ 使得长期外债的融资成本比短期外债的融资成本更高；二是"保险溢价"$\varnothing(b_t^A/R_t)$ 随着潜在流动性风险的增加而增大③。由于对发展中国家的长期贷款面临着更大的不确定性风险，因此在小国开放经济举借长期外债时，贷方会要求一个利率溢价，预算约束中的"流动性溢价"正反映了这一点。此外，"保险溢价"作为一种独立成本被包含于预算约束条件当中，因为它是持有短期外债的直接成本。随着 b_t^A 相对 R_t 的比值的越来越大，小国开放经济体需要付出更大的成本以预防潜在的流动性危机。在分析过程中，假定这两个溢价都是递增且凸的④［即 $\rho'(b_t^A/R_t)>0,\rho''(b_t^A/R_t)>0,\varnothing'(b_t^A/R_t)>0,\varnothing''(b_t^A/R_t)>0$］，$b_t^A/R_t$ 就是分析溢价时较为理想的代理变量。

　　假设生产函数相对于资本存量和劳动力投入是规模报酬不变，外汇储备 R_t 和定额税 T_t 是外生的。分别定义贸易部门和非贸易部门的资本存量为 k_t^T 和 k_t^N，国内总资本为 $k_t=k_t^T+k_t^N$，n_t 代表贸易品的劳动投入，N 代表不变的总劳动供给，则规模报酬不变的生产函数可以表示为 $y_t^T=f(k_t^T/n_t)\,n_t$ 和 $y_t^N=g[k_t^N/(N-n_t)](N-n_t)$，其中 $f'>0$，$g'>0$，$f''<0$ 且 $g''<0$。

　　Fukuda–Kon 模型最大化如下 Lagrange 函数，

$$L=\sum_{j=0}^{\infty}\beta^j U(c_{t+j}^T,c_{t+j}^N)+\sum_{j=0}^{\infty}\beta^j\mu_{t+j}\Big\{b_{t+1+j}^A+b_{t+1+j}^B-(k_{t+1+j}^T+k_{t+1+j}^N)$$

$$-(1+r)b_{t+j}^A-\Big[1+r+\rho\Big(\frac{b_{t+j}^A}{R_{t+j}}\Big)\Big]b_{t+j}^B+(k_{t+j}^T+k_{t+j}^N)+f\Big(\frac{k_{t+j}^T}{n_{t+j}}\Big)n_{t+j}$$

---

　　① 尽管政府有多种融资方式可供选择以实现外汇储备积累，然而由 Ricardian 等式可知，融资方式并不会影响资源的分配，因而这里将集中探讨定额税 T_t 增加的情形。

　　② 以贸易品为计价标准，因而实际利率和非贸易品的价格均以贸易品的形式定义。

　　③ 前者被称为"流动性溢价"，后者被称为"保险溢价"。

　　④ 其反映了这样一个事实：金融市场的恐慌更可能发生在具有较高短期外债的国家，持有较多外汇储备的国家通常不会发生类似的危机。

$$+ p_{t+j}^N g\left(\frac{k_{t+j}^N}{N - n_{t+j}}\right)(N - n_{t+j}) - \phi\left(\frac{b_{t+j}^A}{R_{t+j}}\right) - c_{t+j}^T - p_{t+j}^N c_{t+j}^N - T_{t+j}\}$$

$$(2.3)$$

假设存在内部解，则一阶条件可以表示为，

$$U_1 \equiv \frac{\partial U(c_t^T, c_t^N)}{\partial c_t^T} = \mu_t$$

$$U_2 \equiv \frac{\partial U(c_t^T, c_t^N)}{\partial c_t^N} = \mu_t p_t^N$$

$$f\left(\frac{k_t^T}{n_t}\right) - f'\left(\frac{k_t^T}{n_t}\right)\left(\frac{k_t^T}{n_t}\right) = p_t^N \left[g\left(\frac{k_t^N}{N - n_t}\right) - g'\left(\frac{k_t^N}{N - n_t}\right)\frac{k_t^N}{N - n_t}\right]$$

$$\mu_t = \beta\left[1 + r + \rho'\left(\frac{b_{t+1}^A}{R_{t+1}}\right)\frac{b_{t+1}^B}{R_{t+1}} + \phi'\left(\frac{b_{t+1}^A}{R_{t+1}}\right)\frac{1}{R_{t+1}}\right]\mu_{t+1}$$

$$\mu_t = \beta\left[1 + r + \rho\left(\frac{b_{t+1}^A}{R_{t+1}}\right)\right]\mu_{t+1}$$

$$\mu_t = \beta\left[1 + f'\left(\frac{k_{t+1}^T}{n_{t+1}}\right)\right]\mu_{t+1}$$

$$\mu_t = \beta\left[1 + p_{t+1}^N g'\left(\frac{k_{t+1}^N}{N - n_{t+1}}\right)\right]\mu_{t+1}$$

$$(2.4)$$

在易腐商品的假设下，均衡时 $c_t^N = y_t^N$。由于整个模型以贸易品为计价单位，因此非贸易品的价格 p_t^N 就代表了 t 时期小国开放经济的汇率，p_t^N 下降表明实际汇率贬值。

一阶条件表明，实际汇率由 U_2/U_1 决定。给定 Lagrange 乘子，U_1 决定了贸易品的数量；外汇储备累积降低了流动性风险，因而允许小国开放经济体举借更多的短期外债，短期外债 b_t^A 同外汇储备 R_t 正相关。

稳态时，Lagrange 乘子 μ_t 是大于零的常数。这表明，在不存在非预期的外部冲击时，所有宏观经济变量都不随时间变化；外汇储备非预期的变化影响了这些变量的均衡值。

稳态时，$\mu_t = \mu_{t+1}$，因此

$$\rho\left(\frac{b^A}{R}\right) = \rho'\left(\frac{b^A}{R}\right)\frac{b^B}{R} + \phi'\left(\frac{b^A}{R}\right)\frac{1}{R} = \frac{1}{\beta} - (1 + r)$$

$$f'\left(\frac{k^T}{n}\right) = p^N g'\left(\frac{k^N}{N - n}\right) = \frac{1}{\beta} - 1$$

$$(2.5)$$

这表明，对不同的外汇储备值，稳态时 $b^A/R, k^T/n, k^N/(N-n)$ 和 p^N

仍然保持不变。

二 外汇储备累积的经济影响

为了研究外汇储备累积对宏观经济变量的影响，Fukuda 和 Kon 模型分析了稳态时外汇储备 R_t 非预期的变化对多种经济变量的影响。对小国开放经济体的政府而言，尽管为外汇储备累积融资的方式很多，然而根据 Ricardian 等式，融资方式选择并不影响资源的分配。因而，Fukuda 和 Kon 模型集中讨论了外汇储备累积依靠定额税 T_t 增加来融资的情形。

首先，考虑外汇储备累积对小国开放经济的外债及其构成的影响。

设 t 时期的政府预算约束为 $T_t = G^* + R_{t+1} - (1 + r_R) \cdot R_t$，其中 G^* 代表外生的政府支出，r_R 代表外汇储备的实际利率①。令 x 代表变量 x_t 的稳态值，Δx 代表其变化，稳态时

$$\frac{\Delta b^A}{\Delta R} = \frac{b^A}{R} > 0$$

$$\frac{\Delta b^B}{\Delta R} = \frac{\rho\left(\frac{b^A}{R}\right)}{\rho'\left(\frac{b^A}{R}\right)} > 0 \tag{2.6}$$

这表明，非预期的外汇储备增长不仅使短期外债增加而且使外债总水平上升。

由式（2.6）得

$$\frac{\Delta(b^A - b^B)}{\Delta R} = \frac{\frac{b^A}{R}}{\rho'\left(\frac{b^A}{R}\right)}\left[\rho'\left(\frac{b^A}{R}\right) - \frac{\rho\left(\frac{b^A}{R}\right)}{\frac{b^A}{R}}\right] \tag{2.7}$$

这表明，非预期的外汇储备增长使得短期外债占外债总水平的比例上升。

外汇储备累积，能够部分抵消流动性风险，某种程度上有助于本国举借更多短期外债，因而长期外债的比重趋于下降。由此看来，外汇储备累积不仅具有收入效应②，而且具有替代效应③。

其次，分析外汇储备累积对其他宏观经济变量的影响。

前述分析表明，p^N、k^T/n 和 $k^N/(N-n)$ 仅依赖于 $1/\beta$，而独立于稳态

---

① 国际经验表明，外汇储备在国际市场上的投资回报率是较低的。
② 能够提升本国信用水平、改善外部融资约束条件，使得本国能够举借更多外债。
③ 引起短期外债对长期外债的替代。

时的外汇储备规模。因而，外汇储备增长对实际汇率或两部门的资本/劳动比没有影响。然而，外汇储备规模的变化，着实影响了诸如消费、资本存量、劳动和总产出等宏观经济变量的稳态值。

稳态时的预算约束表明 $rb^A + \{r + \rho(b^A/R)\} b^B = f(k^T/n) n - c^T - \varnothing'(b^A/R) - G^* + r_R R$。由于 b^A/R，k^T/n 和 $k^N/(N-n)$ 保持不变，因而容易获得如下关系：

$$r\Delta b^A + \left[r + \rho\left(\frac{b^A}{R}\right) \right] \Delta b^B = r_R \Delta R + f\left(\frac{k^T}{n}\right)\Delta n - \Delta c^T \qquad (2.8)$$

由 $c^N = y^N = g[k^N/(N-n)] \cdot (N-n)$，可得

$$\Delta c^T = B\Delta c^N, \quad B \equiv \frac{\dfrac{U_2}{U_1}U_{12} - U_{22}}{U_{12} - \dfrac{U_2}{U_1}U_{11}}$$

$$\Delta c^N = -g\left(\frac{k^N}{N-n}\right)\Delta n$$

$$p^N = \frac{U_2}{U_1} = \frac{f'\left(\dfrac{k^T}{n}\right)}{g'\left(\dfrac{k^N}{N-n}\right)} \qquad (2.9)$$

由于 $B > 0$，这表明，当贸易部门的劳动投入增加时，两部门的消费都将下降；实际汇率不仅等于边际替代率，而且等于两部门间的边际转换替代率，其实际上是从供给角度分析汇率的决定因素。

由于 $1/\beta - 1 = \rho(b^A/R) + r$，则有

$$\frac{\Delta(c^T + c^N)}{\Delta R} = -(1 + B)g\left(\frac{k^N}{N-n}\right)\frac{\Delta n}{\Delta R}$$

$$\frac{\Delta n}{\Delta R} = -\frac{\left(\dfrac{1}{\beta} - 1\right)\dfrac{\rho\left(\dfrac{b^A}{R}\right)}{\rho'\left(\dfrac{b^A}{R}\right)} + \dfrac{b^A}{R}r - r_R}{f\left(\dfrac{k^T}{n}\right) + Bg\left(\dfrac{k^N}{N-n}\right)} \qquad (2.10)$$

式（2.10）揭示了外汇储备持续累积对总消费和贸易部门劳动投入的影响。

尽管无法获知导数的正负，但外汇储备较低的投资回报率以及持续增长的外债规模实际上减少了小国开放经济的永久性收入。此外，短期外债

对长期外债的替代将有助于减轻利率负担。

同时，当且仅当

$$r_R < \left(\frac{1}{\beta} - 1\right) \frac{\rho\left(\frac{b^A}{R}\right)}{\rho'\left(\frac{b^A}{R}\right)} + \frac{b^A}{R} r \quad\quad (2.11)$$

时，有 $\Delta(c^T + c^N)/\Delta R < 0$ 和 $\Delta n/\Delta R > 0$。

式（2.11）右端是 b^A/R 的增函数。这表明，当 b^A/R 足够大时，外汇储备的增加对消费具有正影响，并促使劳动力从贸易部门向非贸易部门转移。

式（2.11）左端随着 r_R 增大而增加，因而当储备资产的利率 r_R 足够低时，外汇储备非预期的增加对消费具有负影响，并促使劳动力从非贸易部门向贸易部门转移。

此外，由于稳态时资本/劳动比 k^T/n 和 $k^N/(N-n)$ 独立于外汇储备规模，当式（2.11）成立时，$\Delta k^T/\Delta R > 0$ 且 $\Delta k^N/\Delta R < 0$。同时，

$$\frac{\Delta k}{\Delta R} = \frac{\Delta k^T}{\Delta R} + \frac{\Delta k^N}{\Delta R} = \left(\frac{k^T}{n} - \frac{k^N}{N-n}\right)\frac{\Delta n}{\Delta R}$$

$$\frac{\Delta y}{\Delta R} = \frac{\Delta y^T}{\Delta R} + p^N \frac{\Delta y^N}{\Delta R}$$

$$= \left[f\left(\frac{k^T}{n}\right) - p^N g\left(\frac{k^N}{N-n}\right)\right]\frac{\Delta n}{\Delta R}$$

$$= f'\left(\frac{k^T}{n}\right)\left[\frac{f\left(\frac{k^T}{n}\right)}{f'\left(\frac{k^T}{n}\right)} - \frac{g\left(\frac{k^N}{N-n}\right)}{g'\left(\frac{k^N}{N-n}\right)}\right]\frac{\Delta n}{\Delta R} \quad\quad (2.12)$$

式（2.12）揭示了外汇储备累积对总资本和总产出的影响。其不仅依赖于 $\Delta n/\Delta R$ 的符号，而且依赖于每个部门的相对资本密度：

当 $\Delta n/\Delta R > 0$ 时，当且仅当贸易部门具有更大的资本密度，即 $k^T/n > k^N/(N-_n)$ 时，总资本随着外汇储备积累而增长；当且仅当贸易部门资本更为密集，即 $f(k^T/n)/f'(k^T/n) > g[k^N/(N-n)]/g'[k^N/(N-n)]$ 时，总产出随着外汇储备累积而增加。

三 分析中国外汇储备累积影响的符号约束方法

当分析外部冲击对经济系统的影响时，传统范式通常使用向量自回归（Vector Autoregression，VAR）基础上的脉冲响应（Impulse Response，

IRS）方法。在建立 VAR 时，往往对变量间的排序——即冲击影响变量的先后顺序（或经济系统的传导机制）——具有内在的诉求。对变量间相互影响之先后顺序的假设，通常建立在必要的理论分析基础之上。据此，同理论预期不相符的响应结果往往被称作"谜"。然而，为简化分析，理论推导通常需要大量的前提假设，模型结论赖以成立的诸多条件往往同实际情况相去甚远。更为重要的是，由于统计手段或意识形态等因素限制，现实世界中某些经济变量间的传递机制是不可观测及难以识别的。不同的假设条件可能会使理论模型得出彼此矛盾的分析结论，因而无法对变量间颇有价值的信息排序进行指导。这可能是现有文献中存在同理论分析不相符的大量"谜"题的直接原因。

实际上，建立在不可知论（Agnosticism）基础上的脉冲响应方法可能是分析冲击之影响的更为现实的研究模式。纯粹符号约束方法（Pure - sign - restriction Approach），建立在 Bayes 理论基础上，仅对冲击的脉冲响应施加现实且广泛可接受的符号约束，达到分析外部冲击对经济系统的实际影响的目的。

在一个标准 VAR 模型中

$$Y_t = B_1 Y_{t-1} + B_2 Y_{t-2} + \cdots + B_l Y_{t-l} + u_t, \quad t = 1, \cdots, T \qquad (2.13)$$

其中，Y 是 $m \times 1$ 的向量，B 是 $m \times m$ 的系数矩阵，u 是方差—协方差阵为 $\sum$ 的、一期以前的预测误。

现有文献中备受争议的部分集中于对"如何将预测误 u 分解为富有经济含义的新息（Innovations）"的讨论，这是进一步分析的必要前提。假设存在 m 个彼此独立的标准化基本新息，对 $m \times 1$ 向量 v，$E[vv'] = I_m$。需要做的是：寻找一个矩阵 A[①]，使得 $u_t = Av_t$。实际上，对矩阵 A 的约束仅来自于协方差结构 $\sum = E[u_t u_t'] = AE[v_t v_t'] A' = AA'$。因而，为完成识别，需要增加 $m \cdot (m-1)/2$ 个约束条件。现有文献一般通过三种途径施加约束：一是对方差—协方差矩阵 $\sum$ 进行 Cholesky 分解；二是依靠基本新息 v_t 和预测误 u_t 间存在的某些结构关系；三是通过 BQ 分解将永久性成分和暂时性成分进行分离。符号约束方法对此的处理则相当不同，其仅将注意力集中于寻找同特定冲击相对应的新息。

---

① 矩阵 A 的第 j 列表征着第 j 个基本新息对所有变量的直接影响。

为便于表达，做如下定义：

定义　如果存在矩阵 A，使得 $AA' = \sum$，且 a 是 A 的列，则向量 $a \in R^m$ 被称作脉冲向量（Impulse Vector）。

Uhlig（2005）中的命题 A.1 指出，令 $AA' = \sum$ 为 Cholesky 分解，当且仅当单位长度 m 维向量 α 满足条件 $a = A\alpha$ 时，a 便是一个脉冲向量。当给定脉冲向量以后，计算适当的脉冲响应则是容易的。

为识别同外汇储备累积相对应的脉冲向量，做如下假设：

假设1　同外汇储备累积相对应的脉冲向量，是满足"在约束期 $k = 0, \cdots, K$ 内，短期外债、外债总水平和短期外债占比对 a 的脉冲响应为正"的脉冲向量 a。

给定 VAR 的系数矩阵 B、误差项的方差—协方差矩阵 $\sum$ 及约束时间 K，$\mathscr{A}(B, \sum, K)$ 实际上是同外汇储备累积冲击相对应的所有脉冲向量的集合。由于施加了不均等约束，集合 $\mathscr{A}(B, \sum, K)$ 要么包含许多元素，要么是空集。因此，在这一层面上无法实现精确识别。为此，必须对集合 $\mathscr{A}(B, \sum, K)$ 施加先验约束或者最小化单位圆上的某些函数 $f(\cdot)$，以便对违反相关符号约束的情况进行惩罚。固定 K 或尝试一系列 K，当 $\mathscr{A}(\tilde{B}, \tilde{\sum}, K)$ 非空时，通过 VAR 的 OLS 估计 $B = \tilde{B}$ 和 $\sum = \tilde{\sum}$ 观察脉冲响应的完整区间仍是具有信息价值的——集合 A 实际上给出了脉冲响应的变化区间[①]。这一类似极端边界（Bound）分析的做法同 Leamer（1983）的基本思想是一致的。对某些变量 j 和时期 k 进行的符号限制等价于对 α 的线性不等式约束，因而实际上将 α 限定为 R^m 上的某些半空间。集合 $\mathscr{A}(B, \sum, K)$ 则是所有这些半空间的凸交集。

为了应对脉冲向量 a 的非精确识别及 B 和 $\sum$ 之 OLS 估计基础上的抽样不确定性问题，Uhlig 引入了两种相关却又截然不同、建立在 Bayes

① 从 R^m 上的标准正态分布中取 $\tilde{\alpha}$，计算相应的 $\tilde{a}$，并获取 $\tilde{a}$ 的备选抽样。对所有相关时段 $k = 0, \cdots, K$ 检验脉冲响应的符号约束，判定 a 是否属于集合 $\mathscr{A}(\tilde{B}, \tilde{\sum}, K)$。进行 10000 次抽样，对所有满足约束的 $a \in \mathscr{A}(\tilde{B}, \tilde{\sum}, K)$，画出脉冲响应的最大和最小值。尽管对边界的估计是轻微有偏的，但其仍是一致的。

理论基础上的解决方案：纯粹符号约束方法（Pure – sign – restriction Approach）和惩罚函数方法（Penalty – function Approach）。本书着重讨论符号约束方法。

现做如下假设：

假设2 当 $a \in \mathcal{A}(B, \sum, K)$，$a = \mathcal{A}(\sum)\alpha$；否则 $a = 0$，参数 $(B, \sum, K)$ 联合取自 $R^{l \times m \times m} \times p_m \times \varphi_m$ 上的先验条件，且先验条件同 $(B, \sum)$ 上的 Normal – Wishart 分布成比例。

在这一假设条件下，通过将脉冲向量参数化，缩放（Scaling）问题得以避免。此外，脉冲响应的分析结果将独立于所选择的方差—协方差阵 $\sum$ 的具体分解形式。

在假设2的条件下，纯粹符号约束的基本做法如下：

首先，给定 $(B, \sum)$ 上的 Normal – Wishart 先验分布，后验约束由 $(B, \sum)$ 上的 Normal – Wishart 后验分布同有关 $\mathcal{A}(\sum)\alpha \in \mathcal{A}(B, \sum, K)$ 的示性函数的乘积决定；

其次，在后验约束及单位圆 $\alpha_{in}\varphi_m$ 上的均匀分布中进行联合抽样，构建脉冲向量 a，并计算 $k = 0, \cdots, K$ 时期变量 j 的脉冲响应：如果所有这些脉冲响应满足符号约束，则保留抽样，否则将其丢弃；

最后，重复足够多次，并在所保留之抽样的基础上进行统计推断。

四 实证分析

（一）数据选取

经济增长、物价稳定及充分就业是中国宏观经济政策的重要内部目标。为分析外汇储备冲击对中国宏观经济的影响，本书选取短期外债、短期外债占总外债的比重、经购买力平价折算的中国实际 GDP、年度通货膨胀率和失业率等变量进行分析。其中，外债数据来自中国国家外汇管理局，通货膨胀及失业率数据来自各年份的《中国统计年鉴》，按购买力平价折算的实际 GDP 来自 Penn World Table 7.1。数据时间跨度为 1988—2010 年。

（二）预处理

在建立 VAR 分析之前，为有效剔除数据趋势，本书首先使用 Kauermann 等（2011）提出的惩罚性样条平滑方法对各变量进行退势处理。惩罚性样条方法，通过使用有限维高阶样条基（Spline Basis）估计平滑成分 g_t，并对样条系数施加一个惩罚项来替代简单的参数拟合。

考虑将时序列 $Y = (y_1, y_2, y_3, \cdots)^T$ 分解成

$$y_t = g_t + \varepsilon_t \tag{2.14}$$

其中，g_t 代表趋势成分，ε_t 代表非预期的短期波动。令 $B(t)$ 代表观测时点上的样条基，其可能的简便选择是截断多项式（Truncated Polynomials）形式，

$$B(t) = (1, t, \ldots, t^q, (t - \tau_1)_+^q, \ldots, (t - \tau_p)_+^q) \tag{2.15}$$

其中，q 是多项式的最大阶数；若 $t > 0$，则 $(t)_+ = t$，否则 $(t)_+ = 0$；结点 τ_1，$\cdots$，τ_p 在覆盖时点 t 的范围内等距选择①。需要注意的是，尽管式（2.15）的设定是一个方便的选择，但惩罚性样条平滑方法却不受制于任何特定的基，其他样条基同样可以被用于类似的分解过程②。

将 $B(t)$ 分解为低维部分 $X(t)$ 和高维部分 $Z(t)$，即 $B(t) = \{X(t), Z(t)\}$。设 $X(t) = (1, t, \cdots, t^q)$，$Z(t) = \{(t - \tau_1)_+^q, \cdots, (t - \tau_q)_+^q\}$，代入式（2.14）得，

$$y_t = B(t)\theta + \varepsilon_t = X(t)\beta + Z(t)u + \varepsilon_t \tag{2.16}$$

其中，$\theta = (\beta^T, u^T)$ 是系数向量；残差向量 $\varepsilon = (\varepsilon_1, \varepsilon_2, \cdots)^T$ 被假设服从具有平稳相关矩阵 R_ε 的正态分布，即 $\varepsilon \sim N(0, \sigma_\varepsilon^2 R_\varepsilon)$。

为达到拟合目的，对 u 施加一个惩罚项，得惩罚性最小二乘估计（Penalized Least Square）

$$l(\beta, u; h) = \{Y - B(t)\theta\}^T R_\varepsilon^{-1} \{Y - B(t)\theta\} + \frac{1}{2}\lambda u^T D u \tag{2.17}$$

其中，D 代表惩罚矩阵。

对截断多项式而言，惩罚矩阵 D 可以设定为单位阵 I_p③。系数 λ 是控制惩罚项总体值的惩罚参数：当 $\lambda \to \infty$ 时，式（2.17）给出了一个建立在矩阵 $X(t)$ 基础上的、简单的多项式拟合；当 $\lambda \to 0$ 时，则获得完全信息基矩阵 $B(t)$ 基础上的非惩罚项拟合。

惩罚性样条平滑的重要特点在于：其同混合模型（Mixed Model）紧密相连。将式（2.17）中的惩罚项理解为先验正态分布并保证 ε_t 的正态

---

① 实践中，通常取 $q = 1$ 或者 $q = 2$；相应的，每 5 到 10 个观测值放置一个结点。
② 参见 Ruppert 等（2003）。
③ 同上。

性，意味着将其重塑为具有如下形式的线性混合模型[①]，

$$Y|u \sim N(X\beta + Zu, \sigma_\varepsilon^2 R_\varepsilon), \qquad u \sim N(0, \sigma_u^2 D^-) \tag{2.18}$$

其中，D^- 代表 D 的广义逆矩阵，平滑系数 $\lambda = \sigma_\varepsilon^2 / \sigma_u^2$。这意味着，通过应用于混合模型的极大似然理论，所有参数都是可以估计的。与此同时，Schall's（1991）的算法可以被用于获得 λ。

Krivobokova 和 Kauermann（2007）发现，被用于平滑的式（2.18）具有一些十分有用的特性：即便考虑到 R_ε 的误设，极大似然估计仍旧是稳健的，即当 ε_t 存在序列相关时，只要模型误设的程度并不过分——即便 R_ε 的设定形式并非残差真实的序列相关结构，式（2.18）仍将给出合理的拟合结果。这便是使用惩罚性样条平滑方法进行时间序列分解的巨大优势所在。

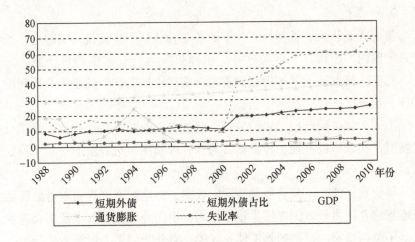

图 2-3　主要宏观经济变量时间序列

说明：为增加可读性，图中对短期外债和 GDP 的对数值分别扩大了 10 倍；通货膨胀率、短期外债占比及失业率的单位为%。

不难发现，短期外债、短期外债占比及通胀率存在较为明显的结构变化特征。因而，在退势过程中，对短期外债和短期外债占比（在2000 年）增加了截距及趋势虚拟变量，对通胀率增加了趋势虚拟变量。

---

① 更多细节参见 Kauermann 等（2011）附录。

（三）实证结果及分析

1. 基于年度数据的实证分析

我们首先使用年度数据分析外汇储备累积对中国宏观经济的影响。

通过 AIC 准则，对退势后的 GDP、通货膨胀、失业率、短期外债和短期外债占比建立二阶 VAR 模型[1]，令 K 等于 1[2]，进行 5 期以内的纯粹符号约束的脉冲响应分析。

基于年度数据的纯粹符号约束脉冲响应分析结果（见图 2 - 4）表明：在外汇储备出现一单位超常规增长后的前 4 期，外汇储备积累平均引起 0.25—0.30 单位的 GDP 增长，在第 5 期引起 GDP 约 0.10 单位的负增长；在冲击到来后的前 2 期引起国内通货膨胀率 0.30—0.50 单位的增加，此后对通货膨胀的影响呈现"负正交替"模式；在冲击到来后的下一期引起失业率微弱上升，此后基本保持了对国内失业率的负影响——最大时超过 -0.03 单位。

传统观点认为，选择持有外汇储备也就放弃了将其投入实际生产所能带来的国内产出增加，并将这一产出损失视为持有储备的机会成本。然而，实证分析发现，尽管持有储备暗含着产出损失，但储备的非预期增加却在一定程度上促使产出增长。

不同于储备同产出关系的分析，储备同失业的关系很少进入经济分析的视野。实证分析发现，外汇储备的意外增长在一定程度上有助于稳定失业率。

尽管充裕的外汇储备在调节国际收支、稳定汇率、提高对外融资能力及增强综合国力等方面发挥了积极作用，中国外汇储备规模超出合理水平已是不争的事实。过高的外汇储备规模，对外加剧了人民币升值压力、削弱了"中国制造"的国际竞争力，对内则引发资源错配、经济结构失衡，并被归咎为流动性过剩及形成通胀压力的重要原因。

不可知论基础上的实证分析表明：外汇储备积累有助于中国举借更多外债，在一定程度上引起短期外债对长期外债的替代；有助于提高国内产出，确实形成了一定的短期通胀压力，但对降低失业率起到了积极作用。

---

① 通过 AIC 准则确定最优滞后阶数。

② 即，只约束外汇储备冲击的短期行为：当期外汇储备增加将引起下一期短期外债增加和短期外债占比提高。

对中国而言，如何在有效冲销外汇占款基础上充分发挥外汇储备支持国内经济建设的职能，值得深入讨论。增长预期、储备意外增加与经济增长之间的关系仍需要深入思考。此外，在结构失衡和资源错配的大背景下，借助持续累积的外汇储备降低失业率、促进经济结构调整、引导劳动力等资源能源合理流动，不失为中国经济再平衡的创新发展之路。

然而，年度数据分析结果的一大弊端在于：所有脉冲响应的误差带都包含了等于零的情况；换言之，现有分析实际上无法获得具有统计意义的实证结果。为此，我们再次使用季度数据进行类似的分析。

2. 基于季度数据的实证分析

在使用季度数据分析时，名义 GDP、GDP 指数、城镇登记失业率的季度数据来自国家统计局；外汇储备、外债、短期外债及短期外债占比的季度数据来自国家外汇管理局。通过 GDP 指数的同比及环比数据计算得到以 2010 年第 3 季度为基期的 GDP 指数（2010 年第 3 季度 GDP 指数 = 100），并结合名义 GDP 数据获得各年度的不变价实际 GDP，继而获得 GDP 消胀指数（GDP Deflator，GDPD），并以 GDPD 作为价格水平的代表①。在建模过程中，我们先以外汇储备、短期外债占比、短期外债、外债、实际 GDP、GDP 消胀指数及城镇登记失业率的排序对 7 个变量建立 VAR 模型②，进行脉冲响应分析，并通过 Monte Carlo 模拟产生误差带。

---

① 目前，世界上许多国家都采用报告期价格指数相对基期价格指数的变化情况，从价格变动角度来测定通货膨胀。这种方法简单明了，易于施行。在运用价格指数来测定通货膨胀时，需要选择一种价格指数来代表一般价格水平的变动，可供选择的指数主要包括批发价格指数、零售价格指数、居民消费价格指数及国内生产总值价格指数。批发价格指数和零售价格指数不能反映劳动价格水平的变化，难以反映一般价格水平的变动，特别是短期通货膨胀变动。居民消费价格指数在范围上不包括中间产品价格水平的变化，而且把国家和社会集团消费也排除在外。相比而言，国内生产总值指数在统计范围上包括了所有产品和劳务，最适于描述一般价格水平的变动。

② 在建模之前，所有季度数据都分别进行了季节调整，并退掉了内在趋势。

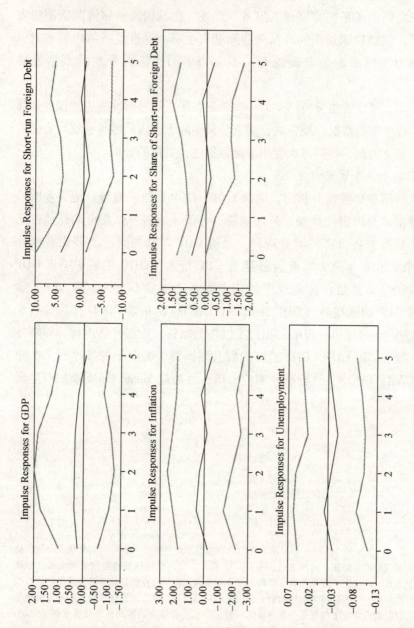

图 2 - 4　基于年度数据的纯粹符号约束脉冲响应分析结果

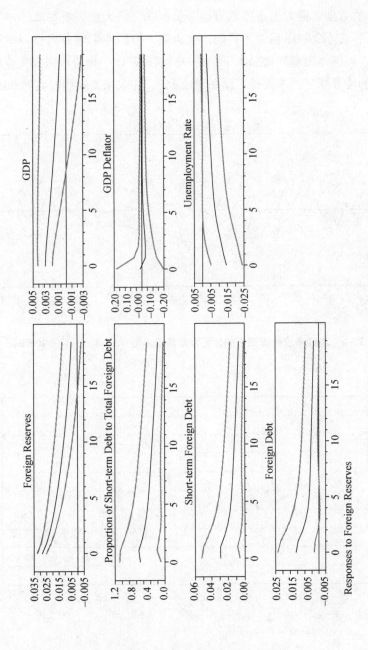

图 2 - 5　基于季度数据的 Cholesky 分解脉冲响应分析

　　季度数据基础上的 Cholesky 分解脉冲响应分析结果（见图 2 - 5）显示：外汇储备累积冲击，在前 8 期对 GDP 具有显著正影响，最大正影响超过 0.5%；在前 3 期对失业率具有显著负影响，最大负影响在 2.0% 左右；对 GDP 平减指数的影响并不明确。这表明，按照外汇储备累积→短期外债占比、短期外债和外债总水平提高→对实际产出、物价水平及失业率产生影响的传导顺序，季度外汇储备增长 1%，在未来 2 年内对实际产出增

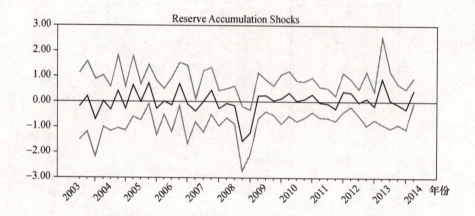

图 2 - 6　通过季度数据识别的外汇储备累积冲击（$k = 4$，$nkeep = 10000$）

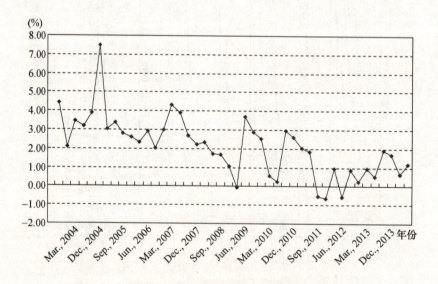

图 2 - 7　季度外汇储备规模变化

长具有最大不超过0.5%的拉动作用；在未来一年内对失业率具有最大不超过2.5%的降低作用。外汇储备累积，似乎有助于产出增长及降低失业率，同时并未引起显著通货膨胀。

那么，事实是否果真如此呢？在季度数据建模的基础上，我们通过符号约束对外汇储备累积冲击进行了识别（见图2-6）。

我们对短期外债占比、短期外债规模和外债总水平进行了4期的"+"符号约束，即将在冲击到来的一年内使得短期外债占比提高、短期外债和外债总水平上升的冲击识别成外汇储备累积冲击，进行10000次模拟。不难发现，通过符号约束识别的外汇储备累积冲击很好地对应了外汇储备规模的变化（见图2-7），特别是准确反映了次贷危机期间中国外汇储备累积的显著放缓现象。

季度数据基础上的纯粹符号约束脉冲响应分析结果（见图2-8）表明：外汇储备累积，对失业率具有显著负影响，但对实际产出和通货膨胀的影响并不明确。对比Cholesky分解的传统分析结果和纯粹符号约束的分析结果，可以确信的是，尽管外汇储备累积对通货膨胀的影响并不明确，但其却有助于降低失业率。此外，外汇储备累积对实际产出的影响仍旧值得商榷。

季度数据基础上的纯粹符号约束的方差分解结果（见图2-9）表明：外汇储备累积，对实际产出、通货膨胀及失业率的贡献大体均维持在10%—15%；对实际产出贡献的误差带波动范围显著高于对通货膨胀和失业率贡献的误差带波动。

此外，季度数据基础上纯粹符号约束的历史分解结果（见图2-10）表明：2006年以后，外汇储备累积对实际产出产生了最大不超过1%的负影响；在多数时段内——特别是次贷危机期间，对物价水平产生了正影响；次贷危机期间，（外汇储备累积）对失业率产生了负影响。

种种迹象显示，外汇储备累积确实形成了一定的通胀压力，但其对稳定国内就业起到了一定的积极作用。然而，随着储备规模的日益膨胀，中国货币政策、汇率政策等的灵活性正在逐渐下降，外汇储备累积对宏观经济的影响变得日趋复杂。对货币当局而言，保有适度规模的外汇储备，建立适度储备规模的动态评价与调整机制显得愈发重要。

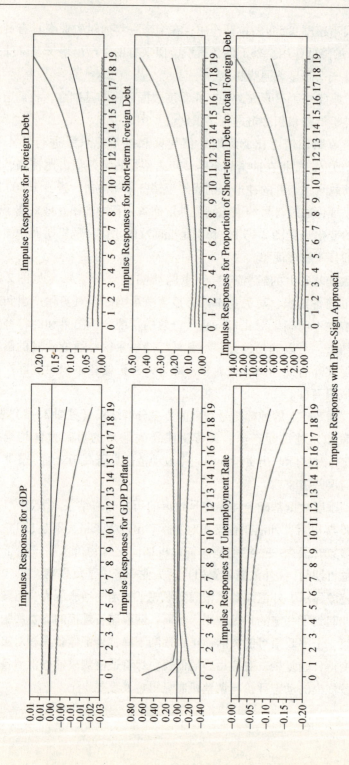

图 2 - 8　基于季度数据的纯粹符号约束的脉冲响应分析（ $k = 4$, $nkeep = 10000$ ）

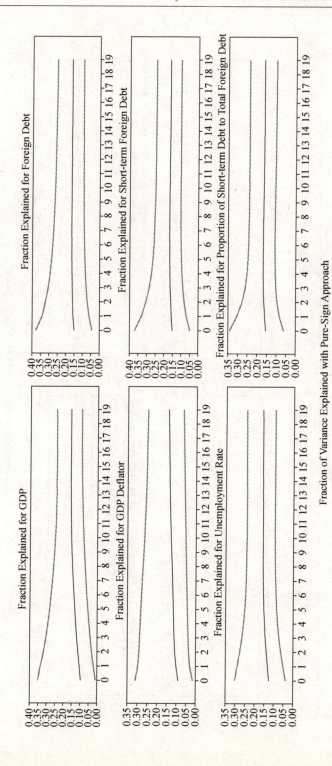

图 2 - 9　基于季度数据的纯粹符号约束的方差分解（$k = 4$, $nkeep = 10000$）

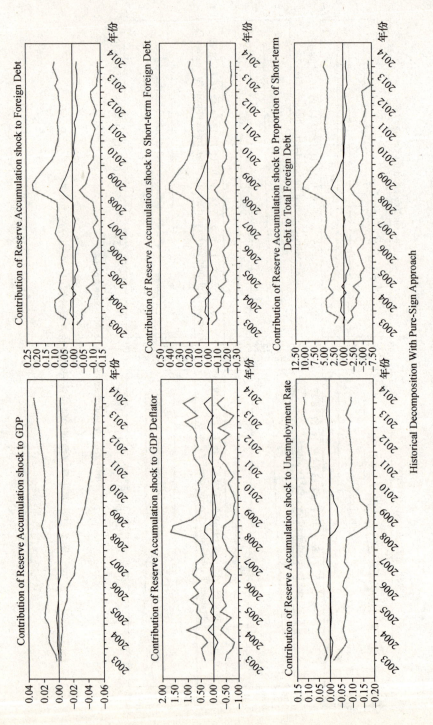

图 2 - 10　基于季度数据的纯粹符号约束的历史分解（ $k = 4$, $nkeep = 10000$ ）

第二节　中国外汇储备适度规模探索

对外汇储备适度规模的探讨由来已久，最早可以回溯至金本位时期。改革开放后，随着对外贸易的不断发展，外汇储备水平不断提高，有关中国外汇储备适度规模的讨论日益增多。目前，尽管大部分观点均认为中国外汇储备规模已然过大，但对外汇储备过剩程度的认识却相当不一。明晰适应现阶段经济发展需要的外汇储备适度规模，不仅是进行外汇储备管理的自身需要，更是动用外汇储备对冲宏观经济风险、实现稳定发展目标的内在诉求。

一　功能论视角下的多层次外汇储备需求

从国际金融史角度分析，外汇储备的功能呈现明显的动态演变特征，即从满足基本交易需求向满足金融安全需求过渡，并最终向实现国家利益转变。外汇储备适度规模，取决于一国持有外汇储备满足自身需求的具体数量。同公众持有货币一样，对外汇储备的需求取决于一国对他国货币的需要。因而，可以借助 Keynes 货币需求理论的基本思想分析外汇储备的适度规模。Keynes 的货币需求理论将持有货币的动机区分成交易动机、预防动机和投机动机。由于持有外汇储备的目的不同于公众对货币的需求，因而对外汇储备需求的分析还应包括增加公众信心、维护金融稳定等的保证性需求。

借鉴周光友和罗素梅（2011）的研究，本书将外汇储备需求划分成交易性需求、预防性需求、保证性需求和管理性需求四个层次。

交易性需求，指为了满足对外交易需要而产生的需求。外汇储备的交易性需求，由维持正常进口、用于外债还本付息及外资企业利润汇出的外汇需求构成。

预防性需求，指为了满足金融安全而产生的需求。由于国内金融市场发展尚处于初级阶段，各项金融制度尚不健全，加之近年来持续的高速增长及人民币升值预期都促使中国成为资本净流入国，因而保证国内金融稳定和对外金融开放是持有预防性储备的基本任务。

保证性需求，指为应对突发事件、保证经济增长、增强对本国经济信心而持有储备的需求。其既包括应对干旱、雨雪、冰冻、飓风、地震及海啸等极端自然灾害袭击所需的储备需求，同时也应当是考虑了局部战争威胁及武力封锁等国际区域不稳定因素影响下的外汇储备需求。

管理性需求，则是进行外汇市场干预所必需的储备需求。

由于各种需求间具有一定交叉，因而从功能论出发加总满足各种需求的外汇储备量所获得的合意储备规模将会"略高于"实际的合意储备规模，可以作为中国外汇储备适度规模的上限。

二　用以满足各层次需求的外汇储备规模

（一）满足交易性需求的外汇储备规模

外汇储备最本质的功能在于满足本国的短期进口需求、偿付短期外债，同时满足外国投资收益流转的需要。

按照 Triffin 规则，确保持有至少满足 3 个月进口需求的外汇储备，是关乎宏观经济稳定至关重要的政策目标。

北京师范大学金融研究中心课题组（2007）认为：根据国际经验，外债还本付息率一般在 12%—18%。为能够完全覆盖短期偿债需要，本书将用于偿付债务的储备同短期外债进行 1∶1 配套。

根据 IMF 的测算，跨国公司在华投资的年收益为 13%—14%；世界银行的统计则认为，在华 FDI 的年收益在 16%—18%。综合考虑，本书将实际利用外资的 15% 作为满足外国投资收益汇出需要的储备规模。

综上，用于满足交易性需求的中国外汇储备规模约为"3 个月进口 + 短期外债 + 实际利用外资的 15%"。

（二）满足预防性需求的外汇储备规模

IMF 副总裁朱民在 2012 年的夏季达沃斯论坛上表示，出口放缓和资本频繁流动将是亚洲面临的重要挑战。由于目前中国的资本账户尚未完全开放，外国投资者进入国内资本市场（如借助 QFII、RQFII 等制度）的渠道仍需要事前审批，因而同外部风险相关的国内金融稳定问题通常表现为资本流的逆转。同预防性需求相关的外汇储备主要为了应对资本"急停"（Sudden Stop）。

资本急停（急停），在早期被称作"资本账户逆转"，由 Dornbusch 等（1995）提出，并经 Calvo（1998）等完善。从国际收支角度分析，"资本急停"指国际资本流入的大幅减少，在金融市场上表现为外国投资者投资意愿下降，国内企业和个人借贷能力的突然丧失，同时伴随着经常账户赤字、产出下降、消费萎缩及汇率崩盘，是 20 世纪 90 年代以来金融危机出现的新特征。

Jeanne 和 Rancière（2011）分析了小国开放经济中、当遭遇"资本急停"时、可能失去外部融资能力的代表性行为人的典型特征：在发生"资本急停"时，消费者可以通过同外国投资者签订保险合同，或者等价地以或有债务获得一定数量的流动性储备融资，达到平滑国内消费的目的。目前，Jeanne – Rancière 模型已成为 IMF 评价外汇储备适度性的主流方法。

1. Jeanne – Rancière 模型

假设：在一个离散无限期 $t = 0$，1，2，…小国开放经济体中，产出的单一商品可被用于国内消费或者出口；在不发生"资本急停"危机时，经济体沿着一个确定的路径发展，发生"资本急停"危机则会扰乱此前的确定性发展路径。本国经济由私人和政府两个部门组成：私人部门由相互竞争、同质、无限期生存的消费者集构成，其跨期效用函数可表示为

$$U_t = E_t \big[\sum_{i=0, \cdots, +\infty} (1+r)^{-i} \cdot u(C_{t+i}) \big] \tag{2.19}$$

其中，流量效用函数

$$u(C) = \frac{C^{1-\sigma}}{1-\sigma}, \qquad \sigma \neq 1 \tag{2.20}$$

具有不变的相对风险厌恶程度 $\sigma \geq 0$；当 $\sigma = 1$ 时，$u(C) = \log(C)$。

消费者福利最大化的预算约束可以表示为

$$C_t = Y_t + L_t - (1+r) \cdot L_{t-1} + Z_t \tag{2.21}$$

其中，Y_t 代表国内产出，L_t 代表外债，Z_t 代表政府的转移支付，利率 r 为常数。只有当

$$(1+r) \cdot L_t \leq \alpha_t \cdot Y_{t+1}^n \tag{2.22}$$

成立时，$t+1$ 期的债务才能被完全偿付，其中 Y_{t+1}^n 代表 $t+1$ 期的（短期）确定性产出，时变参数 α_t 代表着可用于抵押的国内产出的比例。在第 t 期，参数 α_t 和 Y_{t+1}^n 均是未知的，经济体可能处于两种状态：正常（非危机）状态（由 n 代表），或者出现"资本急停"危机（由 s 代表）。

在正常时期，产出以不变比例 g 增长，经济体可以抵押一定比例的产出进行融资，

$$Y_t^n = (1+g)^t \cdot Y_0 \tag{2.23}$$

$$\alpha_t^n = \alpha \tag{2.24}$$

如果发生"资本急停"危机，产出下降一定比例 γ，可抵押产出则下降 0[①]，

---

① 可抵押产出下降为零而不是一个正值的假设，实际上是一种正规化问题。

$$Y_t^s = (1 - \gamma) \cdot Y_t^n \qquad\qquad (2.25)$$

$$\alpha_t^s = 0 \qquad\qquad (2.26)$$

$\alpha + \gamma < 1$ 保证了当遭遇"资本急停"危机时本国经济仍能够偿付全部外债；$r > g$ 保证了跨期收入的有限性。当发生"资本急停"后，资本再次流回该国往往需要较长时间，因而经济体需要经过 θ 期以后才能恢复到其趋势发展路径，即如果"资本急停"在 t 时期发生，则经济体在 $t + \theta + 1$ 后恢复至状态 n。为此，时间区间 $[t, t + \theta]$ 被定义为"资本急停"时期。给定时间 t，经济体可能处于 $\theta + 2$ 个状态中的任意一个：正常发展时期 $s_t = n$，或者对应于"资本急停"时期内不同的 $\theta + 1$ 个时点上，$s_t = s^0,\ s^1,\ \cdots,\ s^\theta$。

始于时间 t 的产出动态和"资本急停"时期的外部信用可以表示为

$$Y_{t+\tau}^s = [1 - \gamma(\tau)] \cdot Y_{t+\tau}^n \qquad\qquad (2.27)$$

$$\alpha_{t+\tau}^s = \alpha(\tau) \qquad\qquad (2.28)$$

其中，$\gamma(\cdot)$ 和 $\alpha(\cdot)$ 代表 $\tau = 0, 1, \cdots, \theta$ 时的外生函数，且 $\gamma(0) = \gamma$ 和 $\alpha(0) = 0$。

假设在发生危机后经济体以单调方式追赶趋势路径，即 $\gamma(\tau)$ 和 $\alpha(\tau)$ 都是非负的，并且分别随着 τ 而减少和增加。"资本急停"期末，经济体可以重新获得和此前相同的外部信用水平，$\alpha(\theta) = \alpha$。令 π 代表"资本急停"发生的概率，在"资本急停"期末，经济体恢复到此前的确定性增长状态 n。政府部门可以通过同外国投资者签订"储备保险合同"来平滑"资本急停"对国内消费的影响。在第 0 期签订的保险合同使得政府在第 t 期支付保费 X_t 给外国保险人直到发生"资本急停"危机。如果第 t 时期发生"资本急停"，保险合同即告终结，该国获得数额为 R_t 的保险赔偿。在"资本急停"期末，政府部门可以重新签订一份新的保险合同。由于"资本急停"发生的时间是未知的，因而第 0 期签订的保险合同必须设定无限期的条件支付序列 $(X_t, R_t)_{t=1, \cdots, +\infty}$。只要不发生"资本急停"，政府部门就能够转嫁合同现金流于国内消费者，

$$Z_t^n = -X_t \qquad\qquad (2.29)$$

当发生"资本急停"危机时，净转移支付为

$$Z_t^s \doteq R_t - X_t \qquad\qquad (2.30)$$

此时，资本的边际效用更高[①]，

$$\mu_t^s \geqslant \mu_t^n \tag{2.31}$$

其中，μ_t 代表第 t 期外国保险人资金的边际效用，μ_t^s 和 μ_t^n 的差决定了保险成本。

令 p 代表以危机时美元价格表示的、全球投资者的、非危机时美元的价格，

$$p = \frac{\mu_t^n}{\mu_t^s} \leqslant 1 \tag{2.32}$$

其中，p 可以通过分析长期债券的纯粹风险溢价获得。

假设外国保险人是完全竞争的，同国内消费者具有相同的折现率，随时准备提供任意的、现值非负的保险合同 $(X_t, R_t)_{t=1,\cdots,+\infty}$，

$$\sum_{t=1}^{+\infty} \beta^t \cdot (1-\pi)^{t-1} \cdot \left[(1-\pi) \cdot X_t \cdot \mu_t^n - \pi \cdot (R_t - X_t) \cdot \mu_t^s \right] \geqslant 0$$

$$\tag{2.33}$$

2. 最优储备水平的解析解

正常时期，一国保持短期外债同 GDP 的比例不变，

$$\lambda = \frac{L_t^n}{Y_t^n} = \frac{1+g}{1+r} \cdot \alpha \tag{2.34}$$

在预算约束式（2.21）、式（2.29）、式（2.30）、信用约束式（2.22）和保险人参与约束式（2.33）的条件下，政府选择路径 $(X_t, R_t)_{t=1,\cdots,+\infty}$ 以便最大化国内福利。

最优化的 Lagrangian 函数可以表示

$$L = \sum_{t=1}^{+\infty} \beta^t \cdot (1-\pi)^t \cdot \{ (1-\pi) \cdot u(C_t^n) + \pi \cdot u(C_t^s) + \nu \cdot [(1-\pi) \cdot$$

$$X_t \cdot \mu_t^n - \pi \cdot (R_t - X_t) \cdot \mu_t^s] \} \tag{2.35}$$

其中，v 代表式（2.32）约束的影子价格。

不同状态的消费水平为

$$C_t^n = Y_t^n + \frac{\alpha}{1+r} \cdot Y_{t+1}^n - \alpha \cdot Y_t^n - X_t$$

[①]　由于"资本急停"倾向于同紧缩的国际流动性环境相关，在"资本急停"期间，保险人的边际效用可能更高。

$$= Y_t^n \cdot \left(1 - \frac{r-g}{1+g} \cdot \lambda \right) - X_t \qquad (2.36)$$

以及

$$C_t^s = Y_t^s - \alpha \cdot Y_t^n + R_t - X_t$$

$$= Y_t^n \cdot \left(1 - \gamma - \frac{1+r}{1+g} \cdot \lambda \right) + R_t - X_t \qquad (2.37)$$

福利最大化的一阶条件为

$$u'(C_t^n) = p \cdot u'(C_t^s) \qquad (2.38)$$

即，国内消费者可以与同全球投资者相同的比例在两种状态中进行消费的替代。

对上述方程及外国保险人参与约束式（2.33）进行简单变换，

$$X_t = \frac{\pi}{\pi + p \cdot (1 - \pi)} \cdot R_t \qquad (2.39)$$

可得最优储备规模：

如果外部信用约束式（2.22）总是成立，则外汇储备同 GDP 的比例 $\rho \equiv R_t / Y_t^n$ 是由下式给定的一个常数，

$$\rho^* = \frac{\lambda + \gamma - \left[1 - \frac{(r-g)}{1+g} \cdot \lambda \right] \cdot (1 - p^{\frac{1}{\sigma}})}{1 - \frac{\pi}{\pi + p \cdot (1 - \pi)} \cdot (1 - p^{\frac{1}{\sigma}})} \qquad (2.40)$$

其中，λ 代表短期外债同 GDP 的比例，γ 代表"资本急停"发生后第一期的产出损失，r 代表利率，g 代表增长率，π 代表"资本急停"发生的概率，σ 代表风险厌恶程度，p 代表以危机时美元价格表示的、全球投资者的、非危机时美元的价格。

这表明：最优储备水平，随短期外债水平 λ、发生"资本急停"的产出成本 γ 以及"资本急停"发生的概率 π 的增加而增长。

由于 $\rho^* \leqslant \lambda + \gamma$，重构式（2.40），得

$$\lambda + \gamma - \rho^* = \frac{1 - p^{\frac{1}{\sigma}}}{1 - \frac{\pi}{\pi + p \cdot (1 - \pi)} \cdot (1 - p^{\frac{1}{\sigma}})} \cdot \left[1 - \alpha - \gamma + \frac{p \cdot (1 - \pi)}{\pi + p \cdot (1 - \pi)} \cdot (\lambda + \gamma) \right]$$

$$(2.41)$$

由 $p \leqslant 1$，$\alpha + \gamma < 1$，可知式（2.41）右端是正的。如果 $p = 1$，即外国投资者并不更加关注流动性，那么最优储备水平等于 $\lambda + \gamma$。"储备保险合同"提供了完全保险：无论是否遭遇"资本急停"，本国消费都将是相

同的。式（2.41）同时表明：储备水平将随风险厌恶程度的提高而增加。

3. 获得解析解的条件

如果约束条件式（2.22）成立，小国开放经济体的保险问题就变得相当简单，可以获得最优储备规模的解析解。

若当期消费的边际效用比未来一期消费的期望边际效用更高，即

$$u'(C_t^n) > (1 - \pi) \cdot u'(C_{t+1}^n) + \pi \cdot u'(C_{t+1}^s) \tag{2.42}$$

则外部信用条件式（2.22）是具有约束力的。由一阶条件 $u'(C_t^n) = p \cdot u'(C_t^s)$，可以将其重构为

$$u'(C_t^n) > \left[1 + \pi \cdot \left(\frac{1}{p} - 1\right)\right] \cdot u'(C_{t+1}^n) \tag{2.43}$$

结合相对风险厌恶程度不变的设定式（2.20）、发生"资本急停"前的消费增长率 g 及式（2.43），可以获得借款约束条件式（2.22）在任何时候总是具有约束力的首项条件，

$$(1 + g)^{\sigma} \geqslant 1 + \pi \cdot \left(\frac{1}{p} - 1\right) \tag{2.44}$$

在遭遇"资本急停"期间，如果消费随时间增加，那么消费路径是确定性的，外部信用条件式（2.22）是具有约束力的。对于第 t 期开始的"资本急停"危机，这意味着

$$C_t \leqslant C_{t+1} \leqslant \cdots \leqslant C_{t+\theta} \leqslant C_{t+\theta+1} \tag{2.45}$$

对于 $\tau = 1, \cdots, \theta + 1$，当 $Z_t = 0$ 时，由式（2.21）和式（2.22）的等式关系以及式（2.23）和式（2.27），可以推导出 $C_{t+\tau}$ 的表达式，

$$\begin{aligned} C_{t+\tau} &= Y_{t+\tau}^s + \frac{\alpha(\tau)}{1 + r} \cdot Y_{t+\tau+1}^n - \alpha(\tau - 1) \cdot Y_{t+\tau}^n \\ &= \left[1 - \gamma(\tau) + \frac{1 + g}{1 + r} \cdot \alpha(\tau) - \alpha(\tau - 1)\right] \cdot Y_{t+\tau}^n \end{aligned} \tag{2.46}$$

由式（2.46）可知，对于 $t = 1, \cdots, \theta$，不等式关系 $C_{t+\tau} \leqslant C_{t+\tau+1}$ 可以重构为

$$1 - \gamma(\tau) - \frac{r - g}{1 + r} \cdot \alpha(\tau) + \alpha(\tau) - \alpha(\tau - 1) \leqslant$$

$$(1 + g) \cdot \left\{1 - \gamma(r + 1) + \frac{1 + g}{1 + r} \cdot [\alpha(\tau + 1) - \alpha(\tau)] - \frac{r - g}{1 + r} \cdot \alpha(\tau)\right\} \tag{2.47}$$

由于 $\alpha(\tau + 1) - \alpha(\tau) \geqslant 0$，并且 $\gamma(\tau + 1) \leqslant \gamma(\tau)$，则当条件

$$1 - \gamma(\tau) - \frac{r - g}{1 + r} \cdot \alpha(\tau) + \alpha(\tau) - \alpha(\tau - 1) \leqslant (1 + g) \cdot \left[1 - \gamma(r) - \frac{r - g}{1 + r} \cdot \alpha(\tau)\right]$$

$$\tag{2.48}$$

或者

$$\alpha(\tau) - \alpha(\tau-1) \leqslant g\left[1 - \gamma(\tau) - \frac{r-g}{1+r} \cdot \alpha(\tau)\right] \tag{2.49}$$

成立时，不等式关系必然成立。

如果

$$\forall \tau = 1, \cdots, \theta, \alpha(\tau) - \alpha(\tau-1) \leqslant g\left(1 - \gamma - \frac{r-g}{1+r} \cdot \alpha\right) \tag{2.50}$$

成立，则式（2.48）和式（2.49）必然交替成立。

式（2.50）表明：当遭遇"资本急停"危机以后，外国资本将不会很快地回流到本国，因而其不得不在恢复期用尽其已经借入的资本。

在线性设定 $\alpha(\tau) = \alpha(\tau/\theta)$ 的条件下，式（2.50）揭示了"资本急停"持续期的下确界，

$$\theta \geqslant \frac{1}{g} \cdot \frac{(1+r) \cdot \lambda}{(1+g) \cdot (1-\gamma) - (r-g) \cdot \lambda} \tag{2.51}$$

只要 $C_t = C_t^s \leqslant C_t^n$ 成立，则 $C_t^n \leqslant C_{t+1}$ 必然成立。

只要不等式

$$1 - \frac{r-g}{1+r} \cdot \alpha \leqslant (1+g) \cdot \left[1 - \gamma(1) + \frac{1+g}{1+r} \cdot \alpha(1)\right] \tag{2.52}$$

成立，即

$$\gamma(1) \leqslant \frac{1}{1+g} \cdot \left(g + \frac{r-g}{1+r} \cdot \alpha\right) + \frac{1+g}{1+r} \cdot \alpha(1) \tag{2.53}$$

成立，当 $\tau = 1$ 和 $\alpha(0) = 0$ 时，由

$$C_t^n = \left[1 - \frac{r-g}{1+r} \cdot \alpha - \frac{\pi}{\pi + p \cdot (1-\pi)} \cdot \rho\right] \cdot Y_t^n \tag{2.54}$$

和式（2.46），本国消费必然随时间增长。因而，式（2.44）确保了信用约束式（2.22）在正常时期是具有约束力的；式（2.50）和式（2.53）确保了式（2.22）在"资本急停"期是成立的。

综上，均衡时，只要下列不等式关系成立，则借款约束条件式（2.22）在任何时候总是具有约束力的，

$$(1+g)^\sigma \geqslant 1 + \pi \cdot \left(\frac{1}{p} - 1\right)$$

$$\forall \tau = 1, \cdots, \theta, \alpha(\tau) - \alpha(\tau-1) \leqslant g\left(1 - \gamma - \frac{r-g}{1+r} \cdot \alpha\right) \tag{2.55}$$

$$\gamma(1) \leqslant \frac{1}{1+g} \cdot \left(g + \frac{r-g}{1+r} \cdot \alpha \right) + \frac{1+g}{1+r} \cdot \alpha(1)$$

4. 预防 "资本急停" 危机的外汇储备的数值解

预防 "资本急停" 的保险模型由七个参数决定：λ 代表短期外债同 GDP 的比例；π 代表发生 "资本急停" 的概率；γ 代表遭遇危机时的产出损失；g 代表增长率；δ 代表纯粹风险溢价；r 代表储备投资收益；σ 代表风险厌恶程度。

Jeanne 和 Rancière 使用 34 个中等收入国家 1975—2003 年的数据，对参数 π，γ，λ 进行了校准（Calibration）。首先，将国内吸收 A_t 分解为国内产出 Y_t、金融账户 KA_t、从国外获得的收入 IT_t 以及储备的减少 ΔR_t 四部分，即

$$A_t = Y_t + KA_t + IT_t - \Delta R_t \tag{2.56}$$

预算约束可以分解为

$$C_t = \underbrace{(1-\gamma) \cdot Y_t^n}_{A_t} + \underbrace{(-L_{t-1})}_{Y_t} + \underbrace{[-r \cdot L_{t-1} - (\pi+\delta) \cdot R_t]}_{IT_t} - \underbrace{(-R_t)}_{\Delta R_t} \tag{2.57}$$

借助这一表达式，可以通过分析等式右端的各项来推断 "资本急停" 对本国经济产生冲击的大小（参数 λ 和 γ）。

同 Guidotti 等（2004）的研究一样，Jeanne 和 Rancière 将 "资本急停" 定义为：t 时期，如果资本流对 GDP 的比例 $k_t \equiv KA_t/Y_t$ 相对于此前下降超过 5%，则认为该国遭遇了 "资本急停" 危机，即 t 时期的资本急停 $\Leftrightarrow k_t < k_{t-1} - 5\%$。Jeanne 和 Rancière 认为，发生 "资本急停" 的无条件概率约为 10.2%/年，即 $\pi \approx 0.1$。参数校准的具体结果如表 2-1 所示：

表 2-1　　　　经校准的 Jeanne - Rancière 模型的参数值

参数	基准值	变化范围
"资本急停" 的大小	$\lambda = 0.10$	$[0, 0.3]$
"资本急停" 发生的概率	$\pi = 0.10$	$[0, 0.25]$
产出损失	$\gamma = 0.065$	$[0, 0.2]$
潜在产出增长率	$g = 0.033$	
期限溢价	$\delta = 0.015$	$[0.0025, 0.05]$
无风险利率	$r = 0.05$	
风险厌恶程度	$\sigma = 2$	$[1, 10]$

资料来源：Jeanne 和 Rancière（2011）。

校准后的 Jeanne – Rancière 模型分析表明：用以预防"资本急停"的最优储备水平约为 GDP 的 9.1%，或者短期外债的 91%；Greenspan – Guidotti 规则为最优储备水平提供了良好的近似。敏感性分析表明，最优储备水平对"资本急停"的产出成本 γ、"资本急停"发生的概率 π、风险溢价 δ 以及风险厌恶程度 σ 十分敏感。简单的数值模拟表明：当将参数值设定为基准值时，如果"资本急停"发生的概率 π 超过 1%，那么 Greenspan – Guidotti 规则事实上为合意储备规模提供了最佳标准。

当人民币升值逐步到位、国内生产经营及劳动力成本渐升、直接投资盈利空间受到挤压之后，国际资本的逐利本质将促使其外流以寻求更好的投资机会。对中国而言，即便未遭遇危机，套利机会也可能诱使资本流入趋势缓慢逆转。此外，近年来国内表现出的一系列社会问题以及在国际投资者看来前景不明的政治体制改革，都可能加速资本流的逆转。虽然资本流入的缓慢逆转可能有别于"资本急停"，但其对国内经济影响仍不容小觑。因而，在分析中国外汇储备适度规模的过程中，本书将用以预防"资本急停"危机的外汇储备规模定义为短期外债的 91%。

（三）满足保证性需求的外汇储备规模

为分析用于应对突发事件的外汇储备需求，假设世界经济由本国和外国两部分组成，本国是小国开放经济，代表性消费者购买国内和国外两种易腐商品 C_H 和 C_F，第 t 期的产出 Y_t 既可被用于国内消费也可被用于出口。本国出口当期产出的一定比例 δ；在进口商品时，以外币支付。

国际收支约束可以表示为

$$c_{F,t} \leqslant \varepsilon_t \cdot c_{F,t}^* - (R_{t+1} - R_t) + Tr_t \qquad (2.58)$$

其中，$C_{F,t}^*$ 代表本国的出口，ε_t 代表实际汇率，R_t 代表外汇储备规模，Tr_t 代表来自外国的转移支付及贷款。

持有低收益的外汇储备对本国而言具有一定的机会成本 $r \cdot R_t$，因而总资源约束为

$$c_{H,t} + \frac{1}{\varepsilon} \cdot c_{F,t} = Y_t - \frac{1}{\varepsilon} \cdot [r \cdot R_t + (R_{t+1} - R_t) - Tr_t] \qquad (2.59)$$

代表性消费者通过消费满足总资源约束和收支平衡约束的国内外商品，最大化其期望效用。在第 0 期，本国面临的基本问题可以表述为

$$\max_{\{c_{H,t}, c_{F,t}\}} E_0 \sum_{t=0}^{\infty} \beta^t \cdot u(c_{H,t}, c_{F,t})$$

$$s. t. \begin{cases} c_{F,t} \leq \varepsilon_t \cdot c_{F,t}^* - (R_{t+1} - R_t) + Tr_t \\ c_{H,t} + \dfrac{1}{\varepsilon} \cdot c_{F,t} = Y_t - \dfrac{1}{\varepsilon} \cdot [r \cdot R_t + (R_{t+1} - R_t) - Tr_t] \end{cases} \quad (2.60)$$

为分析突发事件对经济的影响,设本国产出和出口遵循一个两状态的 Markov 过程:在正常状态下,本国产出为 Y^n,出口商品为 $c_F^{*,n} = \delta \cdot Y^n$;突发事件以概率 π^{nd} 影响本国产出、出口和实际汇率,即 $Y^d = \eta_Y \cdot Y^n$,$c_F^{*,d} = \eta_X \cdot c_F^{*,n}$,$\varepsilon_d = \eta_\varepsilon \cdot \varepsilon^n$,其中 η_Y,η_X,η_ε 均小于 1。一旦出现突发事件,经济体以概率 π^{dn} 恢复到正常状态,因而 $1/\pi^{dn}$ 代表了突发事件的预期持续时间。

假设每个时期外国对本国提供一个不变的外生转移支付 Tr_t,在遭遇突发事件时,本国只能动用储备来平补外汇损失。令 $\tilde{c}_{F,t} = c_{F,t} - Tr_t$ 代表由外汇储备所支持的进口,则第 t 期本国的基本问题将重构为

$$V(R_t) = \max_{R_{t+1}} [u(c_{H,t}, \tilde{c}_{F,t}) + E_t \beta \cdot V(R_{t+1})]$$

$$s. t. \begin{cases} c_{H,t} = Y_t - \delta \cdot Y_t - r \cdot R_t \\ \tilde{c}_{F,t} \leq \varepsilon_t \cdot \delta_t \cdot Y_t - R_{t+1} + R_t \end{cases} \quad (2.61)$$

一阶条件可以表示为

$$u'_{c_{F,t}} = \beta \cdot E_t (u'_{c_{F,t+1}} - r \cdot u'_{c_{H,t+1}}) \quad (2.62)$$

正常状态下,稳态时本国最优外汇储备规模为 R^*,国内外商品消费分别为

$$\begin{cases} c_H = Y^n - \delta \cdot Y^n - r \cdot R^* \\ c_F = \varepsilon \cdot \delta \cdot Y^n + Tr \end{cases} \quad (2.63)$$

为获得储备对进口比例的解析解,Régis Barnichon(2008)将效用函数设定为如下对数形式,

$$u(c_{H,t}, c_{F,t}) = \theta \cdot \ln(c_{H,t}) + (1 - \theta) \cdot \ln(c_{F,t}) \quad (2.64)$$

其中,$\theta \in [0, 1]$。

由于突发事件极少出现且并不具有持久影响,当遭遇冲击时本国可以立即动用其全部外汇储备。由于 $r \ll 1$,最优储备同进口之比的解析解近似为

$$\frac{R^*}{c_F} \approx \left[\frac{\beta \cdot \pi^{nd}}{\beta \cdot r \cdot (1 - \pi^{nd}) \cdot \dfrac{\varepsilon \cdot \delta}{1 - \delta} + (1 - \beta \cdot (1 - \pi^{nd})) \cdot \dfrac{1 - \theta}{\theta}} - \eta_X \cdot \eta_\varepsilon \right]$$

$$\times \frac{1}{1 + \dfrac{Tr}{\varepsilon \cdot \delta \cdot Y^n}} \qquad (2.65)$$

Régis Barnichon 分别使用加勒比海和撒哈拉以南非洲的数据对模型进行了校准。其研究发现：为应对加勒比海飓风，最优储备水平应当覆盖 1.6 个月的进口需求；为应对撒哈拉以南非洲的干旱，最优储备应能够维持两个月左右的进口需求；对加勒比海国家而言，应对贸易冲击的最优储备规模少于 0.01 个月的进口需求，然而对撒哈拉以南非洲国家而言则大约需要 2.5 个月的进口需求；此外，为同时应对自然灾害和贸易冲击，加勒比海国家的最优储备规模约为 1.8 个月进口需求，但撒哈拉以南非洲则为 4.1 个月进口量。同时，最优储备水平对参数值非常敏感。

随着同周边国家的领土争端不断升级、日本右翼势力复活以及美国重返亚洲、战略重心东移，中国遭受贸易冲击的可能性越来越大；同时，近年来国内次生灾害频发，尽管不改经济稳健发展的大局，但在某种程度上仍需持有足够的储备以维持对经济发展的信心。因此，参考已有研究，在分析外汇储备适度规模时，本书将用于满足保证性需求的中国外汇储备规模定义为支持 4.1 个月进口贸易的用汇量。

（四）满足管理性需求的外汇储备规模

为维持特定的汇率政策，本国货币当局通常需要持有一定规模的储备用以进行外汇市场操作。根据国际经验，当一国实现在经常项目和资本项目下的完全可兑换以后，政府持有的用以干预外汇市场的外汇平准基金数额应当相当于 1 个月的进口额。北京师范大学金融研究中心课题组研究认为，干预外汇市场、维持汇率稳定的外汇储备的下限为满足 1 个月进口的等量外汇，上限为满足 1.5 个月进口的等量外汇。

因而，在分析外汇储备适度规模时，本书将满足管理性需求的中国外汇储备水平界定为相当于 1 个月进口额的等值外汇量。

三 中国外汇储备的适度规模

上述分析表明：为保持中国经济稳定发展，用于满足交易性需求的外汇储备约为"3 个月进口 + 短期外债 + 实际利用外资的 15%"；用于预防"资本急停"危机的外汇储备约为短期外债的 91%；用于满足保证性需求的外汇储备约为 4.1 个月进口的等值外汇；用于满足管理性需求的外汇储备约为 1 个月进口的等值外汇。

综上,从功能论视角出发,中国外汇储备适度规模的动态评价标准应为"8.1 个月进口 + 短期外债的 1.91 倍 + 实际利用外资的 15%"。

据此,本书选取以美元表示的中国进口贸易额、短期外债余额和实际利用外资额,计算了外汇储备的适度规模。其中,以美元表示的进口贸易数据来自中华人民共和国商务部,实际利用外资数据来自于《2011 年中国统计年鉴》和商务部,短期外债余额来自于中国国家外汇管理局。

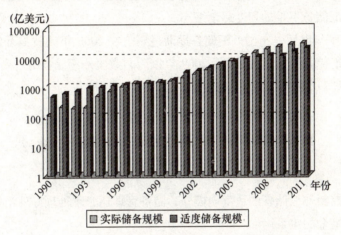

图 2-11 中国外汇储备的实际规模和适度规模

从实证结果来看,1990—2011 年间,中国外汇储备规模大体经历了"显著不足"、"基本适度"及"显著过剩"三个不同阶段。

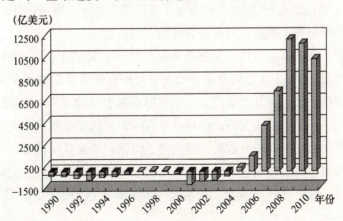

图 2-12 中国外汇储备充足性

1990—1996 年，中国外汇储备明显不足。1990—1993 年，储备不足的程度日渐扩大；1994 年以后，外汇储备缺口逐步缩小。

1997—1999 年，中国外汇储备基本适度。在 1996 年首次突破 1 千亿美元以后，外汇储备不足问题得到明显改善。1997 年，中国外汇储备由不足转变为充足且略有剩余。

2000—2004 年，中国外汇储备由适度充足再次转变为不足。2001 年起，外汇储备不足的程度逐渐缩小。

2005 年以后，中国外汇储备逐渐过剩。在 2006 年突破 1 万亿美元以后，外汇储备开始显著过剩。2009 年以后，中国外汇储备的过剩规模在 1 万亿—1.2 万亿美元。

第三节 外汇储备与主权财富基金

除控制外汇储备的适度规模外，储备管理还必须处理好外汇储备和主权财富基金的关系。

1997 年亚洲金融危机以后，许多国家（特别是新兴市场国家）开始重视外汇储备的累积。随着储备资产的积累，管理当局近来开始选择将更多的公共外汇资产委托给主权财富基金经营。粗略估计，目前全球已成立主权财富基金的规模至少在 2 万亿—3 万亿美元，未来十年甚至有望达到 13 万亿，将远远超过 2009 年底全球 7 万亿美元的外汇储备存量。

主权财富基金的增长具有多方面的原因：

首先，大宗商品价格上涨使得商品出口国获得的主权资产得以膨胀。在某些情况下[①]，由主权财富基金管理的外汇资产将可以被用于实现维护金融稳定的目标；在其他情况下，主权财富基金的建立[②]大多受到这种思想的影响——即希望将受商品价格波动影响的、风险暴露过于集中的储备资产转变为更趋平衡与分散的全球头寸，以保护未来代际的收入。

主权财富基金快速增长的另一个重要原因在于：其是许多新兴市场国家追求持久的货币账户盈余、积累起大量国际储备的副产品。毫无疑问，

---

① 例如，商品价格下降，财政税收收入减少。
② 例如，挪威的政府养老金和智利的养老储备基金。

新兴市场国家积累的外汇储备已经远远超过了纯粹的审慎需要（Aizenman，2008；Jeanne，2007）。通过划转由央行控制的国际储备为主权财富基金管理，可以实现将总储备分散到具有更高收益资产的管理目标[1]。

公共外汇资产的最优组合管理，必须权衡中央银行和主权财富基金的政策目标及投资策略。在大多数国家中，主权财富基金的基本运作模式不同于央行低风险容忍度、流动性考量及预警需求等的投资行为。中央银行通常将外汇储备保守地投放于安全性高、变现能力强的市场化投资工具，以满足支付平衡的需要，特别是为了应对资本内流的"急停"；相反，主权财富基金则寻求分散外汇资产、赚取更高收益。同时，央行和主权财富基金的资产管理结构也存在差异。中央银行的外汇储备管理策略具有某种程度的独立性，受制于某些特定货币政策指令（如通胀或汇率目标或保持金融稳定）的实现；相反，主权财富基金以更为明确的组合管理目标进行投资运作[2]。

主权财富基金和外汇储备的持续增长促使学界开始深入思考其各自的持有动机（特别是更多地向股票和私人部门发行的资产分散的动机）。Aizenman 和 Glick（2010）发展了一个能够解释公共外汇资产如何在外汇储备和主权财富基金间进行分配的基本模型。

假设国际储备投资 R 能够获得无风险收益率 r，外汇股权投资 F 能够获得随机收益率 $r+e$，其中 e 代表风险溢价。公共外汇资产 A 在一期后的实际价值为

$$A_1 = r \cdot R + (r+e) \cdot F = r \cdot A + e \cdot F; \qquad 0 \leq F \leq A \qquad (2.66)$$

"资本急停"发生的概率 ϕ 反向依赖于期末的外汇资产总规模 A_1，正向依赖于外生给定的国家对外总负债 B，

$$\phi = \phi\left(\frac{A_1}{B}\right); \; \varphi' < 0 \qquad (2.67)$$

当出现逆向股票回报冲击时，持有更多的风险资产可能增加"资本急停"发生的概率，即如果 $e < 0$，则

$$\frac{d\phi}{dF} = \phi'\left(\frac{A_1}{B}\right) \cdot \frac{e}{B} > 0 \qquad (2.68)$$

---

[1]　例如，中国于2007年建立了中国投资公司，以便更为积极地管理部分外汇储备资产。

[2]　以挪威为例，财政部负责政府养老金的监管，委托独立于中央银行的挪威银行投资管理（Norges Bank Investment Management，NBIM）公司进行日常运作。目前，智利中央银行也委任金融委员会成员负责主权财富基金的投资决策及日常运营。

在某些条件下，由于逆向回报冲击减少了所持资产的价值，增加了"资本急停"发生的概率，因而更为分散地持有股票等资产增加了收支平衡表的脆弱性。

当不发生危机时，外债 B 得以被偿付，期末产出 Y_1 得以实现；当发生危机时，外债无法得到偿付，同流动性成本和债权人的惩罚性行为相关的违约惩罚成本 P 被假定为同期末产出及外汇资产成比例，即

$$P = \tau \cdot (Y_1 + A_1), \quad 0 \leqslant \tau \leqslant 1 \tag{2.69}$$

不发生（ns）"资本急停"和发生（ss）"资本急停"时的消费可以分别表示为

$$C_1^{ns} = Y_1 + A_1 - B,$$
$$C_1^{ss} = Y_1 + A_1 - P \tag{2.70}$$

假设代理人是具有效用函数 U 的风险厌恶投资者，在满足式（2.66）外汇资产累积关系的约束条件下，主权财富基金决定资产分配以实现期望效用 V_{sw} 的最大化，

$$V_{sw} = E\left\{\left[1 - \phi\left(\frac{A_1}{B}\right)\right] \cdot U(C_1^{ns}) + \phi\left(\frac{A_1}{B}\right) \cdot U(C_1^{ss})\right\} \tag{2.71}$$

其中，E 表示期望算子。

对于给定的 A，获得内部解的一阶条件为

$$\frac{dV_{sw}}{dF} = E\left[(1 - \phi) \cdot U'(C_1^{ns}) \cdot e + \phi \cdot U'(C_1^{ss}) \cdot e \cdot (1 - \tau)\right]$$
$$- E\left\{\phi'\left(\frac{A_1}{B}\right) \cdot \frac{e}{B} \cdot \left[U(C_1^{ns}) - U(C_1^{ss})\right]\right\} = 0 \tag{2.72}$$

重构为

$$E\left[\frac{dU}{dF}\right] = E\left\{\phi'\left(\frac{A_1}{B}\right) \cdot \frac{e}{B} \cdot \left[U(C_1^{ns}) - U(C_1^{ss})\right]\right\} \tag{2.73}$$

其中

$$E\left[\frac{dU}{dF}\right] \equiv E\left[(1 - \phi) \cdot U'(C_1^{ns}) \cdot e + \phi \cdot U'(C_1^{ss}) \cdot e \cdot (1 - \tau)\right] \tag{2.74}$$

式（2.73）左端是期望边际收益，右端是期望边际成本。主权财富基金将增加股权等风险资产的投资，直到其收益的边际增长同"资本急停"概率的上升成本相平衡。

不同于主权财富基金，中央银行主要关注保持本国金融稳定，而忽略了其行为对国内代理人效用的影响。只要危机得以避免，中央银行管理者

便保持消费 C_{cb} 和效用 U （ C_{cb} ）水平不变。

假设金融危机对中央银行的惩罚系数为 τ_{cb} （其中 $0 < \tau_{cb} < 1$ ），央行的效用贬损为 $U \left[C_{cb} \left(1 - \tau_{cb} \right) \right]$ 。如此，央行的期望效用为

$$V_{cb} = E \left\{ \left[1 - \phi \left(\frac{A_1}{B} \right) \right] \cdot U(C_{cb}) + \phi \left(\frac{A_1}{B} \right) \cdot U \left[C_{cb} \cdot \left(1 - \tau_{cb} \right) \right] \right\} \quad (2.75)$$

在式（2.66）的约束下，最大化式（2.75）的一阶条件为

$$\frac{\mathrm{d}V_{cb}}{\mathrm{d}F} = E \left[-\phi' \left(\frac{A_1}{B} \right) \cdot \frac{e}{B} \right] = 0 \quad (2.76)$$

这表明，中央银行增加其外汇股权资产投资至某一水平，通过将边际影响设定为零，最小化"资本急停"发生的概率。

比较主权财富基金和央行的最优组合的一阶条件式（2.73）和式（2.76），不难发现：中央银行忽视了可能存在的、由多样性本身正的风险溢价所引致的、国内代理人的期望增益。由于逆向冲击将会以同股权资产组合份额成比例的速率提高杠杆比率 B/A_1 以及危机时发生"资本急停"的概率，因而中央银行将力图最小化同逆向冲击相关的下行风险。这表明，同主权财富基金相比，央行倾向于更少地持有股权资产。

此外，更高水平的初始公共外汇资产规模将会对投资组合决策产生什么样的影响呢？Aizenman - Glick 模型表明，更高水平的公共资产减少了股权的相对需求。尽管更高的 A 引起了对主权财富基金股权投资绝对需求的增加，但其增加的速率却小于 A 增加的速率。这表明，对足够大的资产 A ，同央行的有限多样化相联系的机会成本将会升高到足以引起管理当局建立主权财富基金以追求更高收益的程度。这也正是众多国家在经历了可观的外汇储备累积后，相继设立主权财富基金的原因。

此外，两种不同的分散策略又将如何影响"资本急停"发生的概率呢？对主权财富基金和中央银行而言，更多的正回报实现表现为更高的期末资产持有以及更低的"资本急停"发生概率；央行追求的有限分散策略将"资本急停"发生的概率控制在较低水平；主权财富基金所奉行的更多地配置风险资产的投资行为则令经济体更可能暴露于发生"资本急停"危机的下行风险中。

为确定公共外汇资产 A 在央行管理的外汇储备和主权财富基金间的分配问题，*Aizenman - Glick* 模型将财政部视为占优的决策制定者。设 A_{cb} 和 A_{sw} 分别代表分配给央行和主权财富基金管理的初始外汇资产，$A = A_{cb} + A_{sw}$ 。

中央银行在储备资产 R_{cb} 和股权 F_{cb} 间分配其资产组合，$A_{cb} = R_{cb} + F_{cb}$。期末，由央行管理的资产的已实现价值 $A_{1,cb}$ 为，

$$A_{1,cb} = r \cdot R_{cb} + (r + e) \cdot F_{cb} = r \cdot A_{cb} + e \cdot F_{cb}, \quad 0 \leq F_{cb} \leq A_{cb} \quad (2.77)$$

其中，r 代表无风险利率，$e = \varepsilon + \delta$ 代表随机化的风险投资溢价，ε 代表股权投资的期望收益，δ 代表零均值的回报冲击。

主权财富基金在外部资产的积极管理方面更具优势，能够获得更高的期望股权收益 ε_{sw}，即对于任意 δ，$\varepsilon_{sw} \geq \varepsilon$。相应的，由主权财富基金管理的已实现期末资产价值 $A_{1,sw}$ 为，

$$A_{1,sw} = r \cdot (A - A_{cb}) + e_{sw} \cdot F_{sw}; 0 \leq F_{sw} \leq A_{sw} \leq A \quad (2.78)$$

中央银行直接监管金融中介，其在防范"资本急停"方面具有比较优势。将金融稳定管理目标委托给中央银行意味着，必要时央行将只能动用一定比例 q 的主权财富基金来应对危机，$0 \leq q < 1$。因而，

$$\phi_{cb}(\cdot) = \phi_{cb}\left[\frac{(A_{1,cb} + q \cdot A_{1,sw})}{B}\right] \quad (2.79)$$

为简便起见，假设 $q = 0$，则

$$\phi_{cb}(\cdot) = \phi_{cb}\left[\frac{A_{1,cb}}{B}\right] \quad (2.80)$$

在满足资产累积关系式（2.77）的条件下，央行的资产分散问题即最大化目标函数

$$V_{cb} = E\left\{\left[1 - \phi_{cb}\left(\frac{A_{1,cb}}{B}\right)\right] \cdot U(C_{cb}) + \phi_{cb}\left(\frac{A_{1,cb}}{B}\right) \cdot U[C_{cb} \cdot (1 - \tau_{cb})]\right\}$$

$$(2.81)$$

一阶条件为

$$\frac{dV_{cb}}{dF_{cb}} = E\left\{\left[-\phi'_{cb}\left(\frac{A_{1,cb}}{B}\right)\right] \cdot \frac{e}{B}\right\} = 0 \quad (2.82)$$

类似的，最大化主权财富基金的目标函数

$$V_{sw} = E\left\{\left[1 - \hat{\phi}_{cb}\left(\frac{A_{1,cb}}{B}\right)\right] \cdot U(C_{1,sw}^{ns}) + \hat{\phi}_{cb}\left(\frac{A_{1,cb}}{B}\right) \cdot U(C_{1,sw}^{ss})\right\} \quad (2.83)$$

并且

$$C_{1,sw}^{ns} = Y_1 + A_{1,sw} - B$$

$$C_{1,sw}^{ss} = (Y_1 + A_{1,sw}) \cdot (1 - \tau) \quad (2.84)$$

其中，$\hat{\phi}_{cb}$ 代表建立在央行最优管理政策式（2.82）基础上的"资本

急停"概率。

此时，财政部面临的难题是：为最大化期望效用，对于给定的初始公共外汇资产总水平 A，如何确定由主权财富基金投资管理的资产规模 F_{sw} 及由央行持有的外汇储备规模 A_{cb}。

假设存在内部均衡，则

$$E\left(\frac{\mathrm{d}U_{sw}}{\mathrm{d}F_{sw}}\right) \equiv E\{[(1-\hat{\phi}_{cb}) \cdot U'(C_{1,sw}^{ns}) + \hat{\phi}_{cb} \cdot U'(C_{1,sw}^{ss}) \cdot (1-\tau)] \cdot e_{sw}\} = 0$$

(2.85)

相对而言，将金融稳定政策目标委托给中央银行意味着主权财富基金将分散化的期望边际收益等价为零。

Aizenman - Glick 模型表明，当将金融稳定政策目标委托给央行时，对于任意的投资回报波动，主权财富基金都选择持有更高比例的股权资产，显示了更大的投资分散性。

与此同时，决定 A_{cb} 的一阶条件为

$$\frac{\mathrm{d}V_{sw}}{\mathrm{d}A_{cb}} = E\{[-U'(C_{1,sw}^{ns}) \cdot (1-\hat{\phi}_{cb})] + [-U'(C_{1,sw}^{ss})] \cdot \hat{\phi}_{cb} \cdot (1-\tau)] \cdot$$

$$(r+e \cdot \hat{F}'_{cb})\} - E\{\hat{\phi}'_{cb} \cdot \frac{r+e \cdot \hat{F}'_{cb}}{B} \cdot [U(C_{1,sw}^{ns}) - U(C_{1,sw}^{ss})]\} = 0 \quad (2.86)$$

等价于

$$E\left(\frac{\mathrm{d}U}{\mathrm{d}A_{cb}}\right) = E\left\{-\hat{\phi}'_{cb} \cdot e \cdot \frac{\hat{F}'_{cb}}{B} \cdot [U(C_{1,sw}^{ns}) - U(C_{1,sw}^{ss})]\right\} = 0 \quad (2.87)$$

并且

$$E\left(\frac{\mathrm{d}U}{\mathrm{d}A_{cb}}\right) \equiv E([(1-\hat{\phi}_{cb}) \cdot U'(C_{1,sw}^{ns}) + \hat{\phi}_{cb} \cdot U'(C_{1,sw}^{ss}) \cdot (1-\tau) \cdot (r+e \cdot \hat{F}'_{cb})])$$

(2.88)

其中，$\hat{F}'_{cb}$ 代表初始外汇储备规模 A_{cb} 增加对央行最优股权投资的边际影响。

财政部将分配更多的初始公共外汇资产于中央银行，直到这样一个临界点——这一分配的期望边际收益 $E[\mathrm{d}U/\mathrm{d}A_{cb}]$ 等于"资本急停"发生概率的边际增加值 $\mathrm{d}\phi_{cb}/\mathrm{d}F_{cb} = -\hat{\phi}_{cb} \cdot e \cdot (\hat{F}'_{cb}/B)$ 乘以应对"资本急停"的效用成本 $U(C_{1,sw}^{ns}) - U(C_{1,sw}^{ss})$。

此外，有关福利的分析表明，消费取决于央行和主权财富基金累积的总资产的规模 $A = A_{sw} + A_{cb}$。消费的期望效用为

$$V = E\big[\,(1-\phi) \cdot U(C^{ns}) + \phi \cdot U(C^{ss})\,\big] \tag{2.89}$$

其中

$$C_1^{ns} = Y_1 + A_{1,cb} + A_{1,sw} - B = Y_1 + r \cdot A + e \cdot F_{cb} + e_{sw} \cdot F_{sw} - B$$

$$C_1^{ss} = (Y_1 + A_{1,cb} + A_{1,sw}) \cdot (1-\tau) = (Y_1 + r \cdot A + e \cdot F_{cb} + e_{sw} \cdot F_{sw}) \cdot (1-\tau) \tag{2.90}$$

由于对违约的惩罚较为严重，当发生"资本急停"时，消费下降较多，即 $C^{ns} > C^{ss}$。

由于央行在审慎监管方面更具优势，即 $\emptyset_{cb} = (1-b) \cdot \emptyset_{sw}$，$0 \leqslant b \leqslant 1$；主权财富基金在资产组合的积极管理方面更具优势，即 $\varepsilon_{sw} > \varepsilon$，因而将金融稳定目标委托给中央银行的直接收益随着央行和主权财富基金各自比较优势的增加而增长。

第四节　中国外汇储备规模优化调整的途径

持有大量外汇储备通常具有一定的社会成本：除机会成本及管理运营成本外，外汇管理局还将面临通胀损失、货币对冲操作成本以及来自外部的货币升值压力。外汇储备的规模越大，持有储备的成本越高。尽管同 3 万亿美元外汇储备相关的持有成本对中国而言并非不可承受之重，但日益增加的对冲成本和外在的人民币升值压力仍然促使外汇管理局不得不认真考虑如何在现行体制内寻求较为灵活的储备转移方式。

然而，由外汇管理局之外的任何机构购买过剩储备，都将面临一个如何为购买外汇资产进行筹资的问题。对这一问题的争论构成了外汇储备管理体制改革的焦点之一。对此，北京大学国家发展研究院院长周其仁认为，可以利用国有企业利润购买流入境内的外汇以削减中国央行发行货币的需求。

2007 年组建中国投资有限责任公司（以下简称中投公司）时，财政部通过发行特别国债的方式筹集 15500 亿元人民币，购买了相当于 2000 亿美元的外汇储备作为中投公司的注册资本金。中投公司成立之初，即明确了其作为外汇投资管理业务的国有独资公司的定位，但是在资本金用尽

之后的继续注资问题却一直悬而未决。在继续注资的方式上，争议颇多。可考虑方案大致有三种：一是继续沿用过去的方式，由财政部代为发行特别国债，从央行购买外汇储备，再由财政部注资；二是由央行直接向中投公司注资；三是由央行将外汇储备资金委托给中投公司管理。

从具体操作来看，第一种方案的成本将高于后两套方案。按照现行《中国人民银行法》的规定：中国人民银行不得对政府财政透支，不得直接认购、包销国债和其他政府债券。为此，特别国债的发行并非直接面对央行，而是由财政部向中国农业银行（以下简称农行）发行特别国债，再由央行向农行购买国债，以增加央行手中的国债持有量，并置换市场中流通的部分央行票据。

从央行资产负债表来看，尽管在实质上无异于前两套方案，但第三种方案无助于缓解储备项下的资产激增问题。

综合考虑，由央行直接向中投公司注资似乎是不错的选择。

但从2011年5月"两会"期间全国人民代表大会就发行特别国债进行审议、中投公司监事长金立群就"中投公司已经获得稳定连续的注资机制"的表态以及中投公司2011年年报披露的"从2011年12月9日至12月31日，国家陆续向中投国际注入300亿美元现金"的表述来看，中央政府很可能希望将"发行特别国债购买储备进行注资"的方式构建成一种长效机制。有消息人士也表示，如果"二次注资"效果良好，那么未来几年中国政府将可能继续通过类似渠道向主权财富基金注资。

在实际操作上，选择农行作为中间工具，是因2007年时只有农行尚未股改，操作起来无须经董事会表决，比较迅捷。但在2010年7月上市后，农行不再适合扮演中间人角色。目前，实际上仍可由国家开发银行和进出口银行承担类似职能。

综上，"发行特别国债购买外汇储备向中投公司注资"可能被构建成中国外汇储备规模优化管理的"常态化"操作模式及长效机制。

此外，从国家外汇管理局年报来看，中央外汇业务中心在中国香港、新加坡、伦敦、纽约和法兰克福分别设有分支机构，其中三个（华安公司、华新公司、华欧公司）是按照公司法注册的私人公司。以华安公司为例，以公司法上的私人公司的形式存在的 Hua An Co. 实际上是 SAFE HK Office，成立于1997年6月，但一直未得到国家外汇管理局的正式确认。直到2008年被曝出一系列难以继续掩盖的海外投资行为，国家外汇管理局才不得不对外承认了华安公司的存在。这可能表明，外汇管理局早已开始借助海外分支机构大举开展外汇储备投资管理工作。通过私人公司（华安公司、华新公司、华欧公司）进行海外投资，不仅有助于规避他国的政治审查，更能在一定程度上缓解央行资产负债表上储备项激增的压力。因而，继续加大以类似方式进行海外投资的做法不失为中国外汇储备规模优化管理的又一可行路径。

本章小结

伴随着中国经济的快速成长，"双顺差"主导下持续累积的外汇储备的适度性问题较早便成为理论研究的重点。借鉴已有研究，本章从四个方面探讨了中国外汇储备规模优化管理问题：

首先，探讨了外汇储备累积对中国宏观经济的影响。在一个小国开放模型基础上，本章使用纯粹符号约束的脉冲响应方法实证分析了外汇储备累积对中国经济的影响。实证结果表明，外汇储备累积有助于中国举借更多外债，在一定程度上引起短期外债对长期外债的替代；有助于提高国内产出，确实形成了一定短期通胀压力，但对降低失业率起到了积极作用。

其次，探讨了中国外汇储备的适度规模问题。从功能论视角出发，本章全面分析了用于满足交易性需求、预防性需求、保证性需求和管理性需求四个层次的中国外汇储备的适度规模。从实证结果来看，1990—2011年间，中国外汇储备大体经历了1990—1996年及2000—2004年的"显著不足"、1997—1999年的"基本适度"和自2005年至今的"显著过剩"三个不同阶段；2009年以后，外汇储备的过剩规模在1万亿—1.2万亿美元左右；中国外汇储备适度规模的动态评价标准应为"8.1个月进口 + 短期外债的1.91倍 + 实际利用外资的15%"。

再次，探讨了外汇储备和主权财富基金的关系。理论分析表明，本国的公共外汇资产应当被分配于由中央银行管理的外汇储备，直到这一分配的期望边际收益等于"资本急停"发生概率的边际增加值同应对"资本急停"的效用成本之积。中国应当认真处理好外汇储备和主权财富基金的关系。

最后，探讨了中国外汇储备规模优化调整的途径。现阶段，"发行特别国债购买外汇储备向中投公司注资"的操作模式可能被常态化。此外，加大通过华安公司、华新公司和华欧公司进行海外投资的力度，不失为外汇储备规模优化管理的又一可行路径。

第三章　中国外汇储备币种结构优化

2002 年以后，美元相对一篮子货币贬值，弱美元态势日趋明显。中国外汇储备狭义上的安全性令人担忧，特别是在美元弱势明显的情况下（外汇储备）将会进一步承受巨大的损失（王元龙，2006）。巨额外汇储备面临较大的机会成本、频繁变动的汇率及资产价格波动风险（吴念鲁和贾彦龙，2010）。

2010 年 2 月 5 日，国家外汇管理局表示：将对国际收支平衡表中的外汇储备项剔除因汇率、价格等非交易因素引起的储备资产价值变化，只记录交易变动数据；同交易无关的储备资产变化不再包括在国际收支平衡表中；因非交易因素引起的储备资产价值变动将通过国际投资头寸表反映。这一做法不仅向国际惯例靠拢，更为量化分析外汇储备的损益提供了帮助。

表 3－1　　　　　　　　　　外汇储备价值变化及其来源　　　　　　单位：亿美元

年份	2010 年	2011 年 1 季度	2011 年 2 季度	2011 年 3 季度
国际投资头寸表中储备资产较上一期的变化	2800	1433	511	-958
国际收支平衡表中的储备资产差额	-4717	-1412	-1425	-917
因汇率、价格等非交易因素导致的储备资产变化	-1917	21	-914	-1875

说明：国际收支平衡表中的储备资产差额＝贷方－借方，差额为负表明外汇储备增加。

在新的统计原则下，国际投资头寸表中储备资产净头寸的变化实际上由两部分构成：一是当期因交易产生的储备资产增减；二是因汇率、价格等非交易因素导致的储备资产变化，即外汇储备的损益。不难发现，除2011 年 1 季度外，中国外汇储备在大部分时间内处于贬值状态，且 2011

年的贬值程度明显大于 2010 年。

尽管 2011 年 5 月 6 日外汇管理局相关负责人在接受采访时曾表示，人民币升值不会直接导致外汇储备损失，外汇储备账面损失远小于金融资产的账面盈余，然而弱美元及主权债务危机时期由汇率、资产价格等因素引起的外汇储备损失确实存在。

后金融危机时期，主要发达国家主权信用屡遭降级，国际货币体系改革呼声渐起。目前一个阶段的国际货币体系，实际上处于后美元时代的弱霸权时期。对外汇储备进行币种结构调整，虽然不能完全解决外汇储备安全问题，但仍不失为化解中国外汇储备风险的有效渠道。

本章将综合利用国内外统计信息对中国外汇储备的币种构成进行较为全面的"实然"分析，并通过均值—方差模型探索满足最小方差风险目标的外汇储备"应然"结构，继而使用动态最优化方法寻找由"实然"向"应然"调整的动态最优路径。

第一节　中国外汇储备币种构成

由于中国外汇储备资产的币种结构、投资工具和期限结构等具体信息并不公开，因而只能借助国内外一些公开数据对外汇储备的资产构成进行大致了解。本书将综合美国财政部国际资本系统（Treasury International Capital System，TIC）和 IMF 官方外汇储备货币构成（Currency Composition of Official Foreign Exchange Reserves，COFER）数据，间接窥探中国外汇储备币种构成。

首先，TIC 报告（Report on Foreign Holdings of U. S. Securities 2012）显示，截至 2011 年 6 月 30 日，中国共持有美元资产 1.73 万亿；其中，长期债券 1.3 万亿，短期债券 50 亿，分别包括了国债、机构债及公司债等，股权投资 1590 亿。按 2011 年 6 月近 3.2 万亿美元的规模计算，美元资产占比达到了 55%。长期债券占美元总资产的比重达到了 75%，股权投资比例达到了 9.2%。

然而，来自 TIC 的统计数据并不能完全真实地反映中国外汇储备中美元资产的规模和结构：首先，美国年度调查数据并不能完全反映中国对美国证券投资的全貌，可能会低估中国在美国的投资（Setser 和 Pandey，

2009);其次,TIC 统计的是中国在美国的证券投资,其中不仅包括外汇储备的投资,同时也包括了来自其他机构的投资;再次,TIC 的统计包括了部分本不应纳入外汇储备的投资①。综合考虑,第一项因素使得外汇储备中实际美元资产比重较 TIC 统计的更高,而第二、第三项因素使得美元资产比重比报告的更低。由于缺少必要的信息,估计外汇储备中欧元、日元等其他货币资产的比重则更为困难。

其次,作为最大的发展中国家,中国外汇储备占全部发展中国家外汇储备的比重较高,因而分析 IMF 关于新兴市场与发展中国家的 COFER 数据对认识中国外汇储备的币种构成仍然具有一定的参考价值。

在 COFER 数据中,美元、欧元、英镑和日元构成了全球外汇储备的主要货币,占全部已知官方外汇储备的比重超过 98%。2000 年以后新兴市场及发展中国家外汇储备中美元比重持续下降,由 1998 年的 75% 下降到 2010 年的不足 60%;同时,欧元所占比例自 1999 年诞生起便持续增加,2003 年以后稳定在 30% 的水平上。英镑、日元及其他货币的比重均未超过 10%:2002—2006 年,英镑资产所占比重持续上升,2006 年以后基本稳定在 6%—7% 的水平上;1995—2002 年,日元资产比重持续下降,

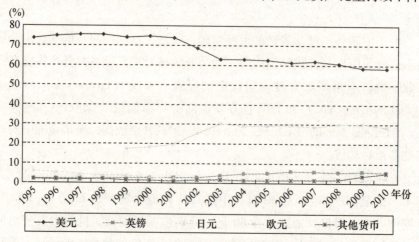

图 3 - 1　新兴市场及发展中国家外汇储备构成

资料来源:国际货币基金组织 COFER 数据。

---

① 例如,2007 年以后国内商业银行可以以外汇形式提交部分存款准备金,尽管这部分外汇资产也是由货币当局统一管理,按权属分类却不应被纳入外汇储备资产,但其却被包括在 TIC 的统计当中。

次贷危机后略有上升，但仍不足 5%。值得注意的是，自 2008 年起，其他货币在新兴市场及发展中国家外汇储备构成中所占的比重显著提高。这可能得益于中国政府积极推行的"人民币跨境贸易结算"及稳步推进的"人民币国际化"战略。

　　然而，欧洲央行（European Central Bank，ECB）特别指出，IMF 数据仅涵盖了已分配及报告储备的 55%。ECB 结合 IMF 数据及自身调查统计结果认为：2011 年末，新兴市场国家储备货币构成可能为 25.0% 的欧元、62.1% 的美元、3.7% 的日元以及 5.1% 的其他货币（见图 3-2）。

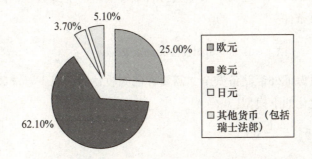

图 3-2　2011 年末欧洲央行报告的新兴市场国家储备货币构成

说明：总和不足 100% 的剩余部分是"未披露的"。

资料来源：The International Role of The Euro，ECB July 2012。

　　综上，后危机时期中国外汇储备的币种构成可能为 60%—65% 的美元、25%—30% 的欧元、5%—7% 的英镑及 3%—5% 的日元。

第二节　风险最小化目标下中国外汇储备的最佳币种构成

　　外汇储备构成的均值—方差模型（Mean-Variance Model），主要考察风险和收益两个因素，认为储备资产的效用取决于构成该组合的金融资产按某种商品篮子测度的预期价值以及这种价值的变动率；理性的持有者不应把全部财富投放到预期收益率最高的某种货币上；生产或消费不同商品和劳务的国家，应当持有不同的资产组合。其将中央银行视为投资者；将央行持有的外汇储备视为资产组合；政策目标是寻求投资组合风险的最小化；理论基础是 Markowitz 的资产组合理论，不同之处在于：由于央行的风险偏好系数难于确定，外汇储备构成的均值—方差模型一般把有效边界上的最小风险点作为最优组合点。

一　均值—方差分析框架

记美元、欧元、英镑及日元四种储备货币的收益向量为 $r = (r_{usd}, r_{euro}, r_{pound}, r_{yen})'$，期望收益向量为 $\mu = (\mu_{usd}, \mu_{euro}, \mu_{pound}, \mu_{yen})'$，方差向量为 $\sigma^2 = (\sigma^2_{usd}, \sigma^2_{euro}, \sigma^2_{pound}, \sigma^2_{yen})'$，外汇储备中各权重向量为 $X = (X_{usd}, X_{euro}, X_{pound}, X_{yen})'$。由于安全性和流动性是外汇储备投资首要考虑的问题，外汇管理局一般不会持有某种货币的空头头寸，因而货币权重满足约束条件：

$$\sum_i^N X_i = 1, X_i \geq 0, i = usd, euro, pound, yen \tag{3.1}$$

为有效保证外汇储备安全，需要在已知收益的情况下寻求风险的最小化，即最优化如下模型：

$$\min \frac{1}{2}\sigma_p^2 = \frac{1}{2}X'VX$$

s. t.

$$\begin{cases} X'\mu = \mu_p = \mu_0 \\ X'1 = \sum_i X_i = 1 \\ X_i \geq 0, i = usd, euro, pound, yen \end{cases} \tag{3.2}$$

其中，$V = (V_{ij})$ 表示各种储备资产的方差—协方差矩阵，1 表示 4 维列向量。

Papaioannon 等（2006）认为使用均值—方差模型的两个基本困难在于：一是难以较好地预测所选货币的预期收益率；二是难以很好地预测收益的方差—协方差矩阵。

本书参考张斌、王勋和华秀萍（2010）对中国外汇储备名义及真实收益率的研究，使用动态条件相关广义自回归条件异方差（Dynamic Conditional Correlation General Autoregressive Conditional Heteroscedasticity）DCC - GARCH 模型对方差—协方差阵进行估计。

二　收益率的计算

一般而言，外汇储备收益的计算单位有多种选择：

首先，可以以本币计价，因为持有储备的目的是国民财富最大化，例如 Dellas 和 Yoo（1991），Beck 和 Rahbari（2008）等；

其次，可以以外币计价，因为持有储备主要为了进行外汇市场干预及资本项目融资，如 Ben - Bassat（1980），Rikkonen（1989）等；

最后，可以以综合指数计价，因为持有储备主要为了应对经常项目逆差，因而应当根据本国进口偿付需要构建计价单位，并同国外价格挂钩。典型范例是 Dellas（1989）。

在实践中，以美元作为计价单位受到了广泛关注，使用美元衡量外汇储备损益具有较高的可比性。

以美元计价的外汇储备名义收益率可以表示为

$$R_{US} = \omega_{US} \cdot i_{US} + \sum \omega_j \left[(1 + i_j)\left(1 + \frac{\Delta E_{j/USD}}{E_{j/USD}}\right) - 1 \right], \qquad \omega_{US} + \sum \omega_j = 1$$

$$(3.3)$$

其中，ω_{US} 代表美元资产比重，i_{US} 代表美元资产收益率，ω_j 代表非美元货币 j 的比重，i_j 代表其收益率，$E_{j/USD}$ 代表货币 j 对美元的汇率，$\left[(1 + i_j)\left(1 + \frac{\Delta E_{j/USD}}{E_{j/USD}}\right) - 1 \right]$ 代表非美元货币资产折算成美元的收益率。

然而，以美元作为计价单位的问题仍然非常突出。Roger（1993）认为，持有储备的初衷在于：（1）满足交易需要；（2）干预外汇市场；（3）寻求财富形式的多样化，以美元为计价单位可能在一定程度上有违这一初衷。张斌、王勋和华秀萍（2010）认为，以美元计价的关键问题是"如果美元贬值或者中国的贸易伙伴国出现通货膨胀，则美元计价的储备收益难以反映外汇储备收益的真实变化"。

以中国为例，如果美元相对其他储备货币贬值，储备资产中的美元资产价值不变，而其他货币资产价值上升，表现为以美元计价的储备资产价值上升，但外汇储备的实际购买力却在下降。

对外汇储备而言，以美元计价，其结果可能表现为国际偿付能力下降、外汇市场干预能力下降及国民财富损失。鉴于此，张斌、王勋和华秀萍（2010）构建了以货币篮子衡量的外汇储备有效收益率和以商品篮子衡量的外汇储备真实有效收益率。基本步骤如下：

（1）构建货币篮子。

持有外汇储备最基本的目的是在特定时期维系本国的进口需要。因而，从进口购买力角度评估一种货币的重要性，根据从一国进口占中国全部进口的比重确定其在货币篮子中的权重继而计算储备资产收益的做法是基本可取的。张斌、王勋和华秀萍（2010）考虑了中国前二十个主要进口国（或地区）[1]，并分别确定了相应的权重，经调整后权重之和等于1。

（2）计算储备资产中各种货币对货币篮子的名义有效汇率变化。

（3）计算经汇率调整的各种货币资产的名义有效收益率。

（4）根据储备构成，对各种货币资产的名义有效收益率进行加权。

以美元为例，估算美元收益率需要了解两方面信息：一是外汇储备在美国投资的构成；二是各种美元资产的收益率。由于股权并非外汇储备投资的传统领域，且在中国外汇储备中占比不大，因而在估算美元资产收益时，忽略了股权投资。据此，外汇储备资产主要由长期投资和短期投资两大部分组成，分别包括了国债、机构债和公司债。

在估算过程中，选取10年期国债、机构债和公司债的加权平均收益率代替长期投资收益；1年期国债、机构债和公司债的加权平均收益率代替短期投资收益。对于资产构成（加权平均过程的权重），参考了美国财政部 TIC 报告；收益率数据来自 Barclay 债券市场数据库。此外，由于缺乏必要信息，估算非美元资产收益更为困难，替代性的解决方案是假定中国外汇储备中非美元投资的构成同美元投资基本相同。

据此，以货币篮子衡量的外汇储备名义有效收益率 R_n 的计算公式为

$$R_n = \omega_{US}\Big[\,(1+i_{US})\cdot\Big(1+\frac{\Delta er_{US}}{er_{US}}\Big)-1\Big] + \omega_{JP}\Big[\,(1+i_{JP})\cdot\Big(1+\frac{\Delta er_{JP}}{er_{JP}}\Big)-1\Big]$$

$$+\omega_{EU}\Big[\,(1+i_{EU})\cdot\Big(1+\frac{\Delta er_{EU}}{er_{EU}}\Big)-1\Big] + \omega_{BP}\Big[\,(1+i_{BP})\cdot\Big(1+\frac{\Delta er_{BP}}{er_{BP}}\Big)-1\Big] \quad (3.4)$$

其中，ω_x 代表 x 货币的资产比重，i_x 代表 x 货币的收益率。er_x（$x=US,\ EU,\ JP,\ BP$）代表根据进口权重确定的名义有效汇率，计算公式为

$$er_x = \sum_{j=1}^{20} \theta_j \cdot E_{j/x} \quad\quad\quad (3.5)$$

θ_j 代表货币 j 在进口商品篮子中的权重，$E_{j/x}$ 代表货币 j 相对于货币 x 的汇率。

以商品篮子衡量的外汇储备投资真实有效收益率的计算方法同上述过

---

① 按权重大小依次为美国、日本、欧盟、中国香港、中国台湾、韩国、泰国、马来西亚、新加坡、印度尼西亚、印度、加拿大、巴西、俄罗斯、南非、英国、澳大利亚、沙特阿拉伯、伊朗和阿根廷。

程十分类似。

三 方差—协方差阵的估计

在投资组合优化（如 Black Litterman 模型）中，方差—协方差阵代表了收益率的相关关系，对获取资产组合的有效前沿十分重要。通常预测未来方差—协方差阵的方法建立在等量加权的历史回报数据基础上，其隐含着方差—协方差阵是不变的这样一个假设。此后，更为复杂的时变参数模型（如多元 GARCH 模型）得到了发展，其对较近的资产回报给予更大的权重。

（一）单变量 GARCH 模型

假设随机过程 $\{r_t\}_t^T$ 描述了一定时期内的投资收益，r_t 代表第 t 期的已实现收益。考虑如下模型

$$r_t = \mu_t + \eta_t \tag{3.6}$$

其中，$\mu_t = E(r_t \mid \psi_{t-1})$ 代表收益率序列的条件期望，η_t 为条件误差，$\psi_{t-1} = \sigma[(r_s : s \leqslant t-1)]$ 代表直到 $t-1$ 期的信息集。

条件误差为收益率的条件标准误 $h_t^{1/2} = var\ (r_t \mid \psi_{t-1})^{1/2}$ 乘以独立同分布的、零均值、单位方差的随机变量 z_t，

$$\eta_t = \sqrt{h_t} \cdot z_t \sim N(0, h_t) \tag{3.7}$$

假设条件期望 $\mu_t = 0$，这表明

$$r_t = \sqrt{h_t} \cdot z_t \qquad r_t \mid \psi_{t-1} \sim N(0, h_t) \tag{3.8}$$

在实践中，如果 $\mu_t \neq 0$，则收益率序列可以通过 ARMA 滤波或者去均值操作进行处理。由于条件期望 $\mu_t = 0$，因而收益率序列的方差同误差的方差是一致的，误差项是一个新息（Innovation）过程。

GARCH (p, q) 可以表示为

$$h_t = \omega + \sum_{i=1}^{q} \delta_i \cdot \eta_{t-i}^2 + \sum_{i=1}^{p} \gamma_i \cdot h_{t-i} \qquad p \geqslant 0, q > 0 \tag{3.9}$$

换言之，GARCH (p, q) 由三部分组成：

第一，ω 为加权的长期方差；

第二，移动平均项；

第三，自回归项。

通常而言，广泛使用的 GARCH 模型是 GARCH $(1, 1)$ 过程，

$$h_t = \omega + \delta \cdot \eta_{t-1}^2 + \gamma \cdot h_{t-1} \quad \omega \geqslant 0,\ \delta \geqslant 0,\ \gamma \geqslant 0 \tag{3.10}$$

经后向迭代替换 h_t 到第 $t-J$ 期便得到了 GARCH $(1, 1)$ 的另一表

达形式，

$$h_t = \omega \cdot (1 + \gamma + \gamma^2 + \cdots + \gamma^{J-1}) + \delta \cdot \sum_{k=1}^{J} \gamma^{k-1} \cdot \eta_{t-k}^2 + \gamma^J \cdot h_{t-J}$$

$$= \omega \cdot \frac{1 - \gamma^J}{1 - \gamma} + \delta \cdot \sum_{k=1}^{J} \gamma^{k-1} \cdot \eta_{t-k}^2 + \gamma^J \cdot h_{t-J} \qquad (3.11)$$

如果 J 趋于无穷，则

$$\lim_{J \to \infty} h_t = \frac{\omega}{1 - \gamma} + \delta \cdot \sum_{k=1}^{\infty} \gamma^{k-1} \cdot \eta_{t-k}^2 \qquad 0 < \gamma < 1 \qquad (3.12)$$

这表明，现在的波动是过去新息平方项的指数加权移动平均和。

在估计过程中，为将 GARCH（1，1）中的参数个数由三个减少到两个，令 H 代表无条件方差，重构模型为

$$h_t - H = \omega - H + \delta \cdot (\eta_{t-1}^2 - H) + \gamma \cdot (h_{t-1} - H) + (\gamma + \delta) \cdot H \qquad (3.13)$$

即

$$h_t = \omega - (1 - \delta - \gamma) \cdot H + (1 - \delta - \gamma) \cdot H + \delta \cdot \eta_{t-1}^2 + \gamma \cdot h_{t-1} \qquad (3.14)$$

在 $\delta + \gamma < 1$，权重 $\omega > 0$，$\delta > 0$ 且 $\gamma > 0$ 的假设条件下，若 $\omega = (1 - \delta - \gamma) \cdot H$，则 GARCH（1，1）可以重构为

$$h_t = (1 - \delta - \gamma) \cdot H + \delta \cdot \eta_{t-1}^2 + \gamma \cdot h_{t-1} \qquad (3.15)$$

其不仅易于计算，而且无条件方差满足条件 $H = \omega / (1 - \delta - \gamma)$。

当且仅当 $\delta + \gamma < 1$ 时，GARCH（1，1）是平稳的，具有如下无条件期望和协方差

$$E(r_t) = 0$$

$$\text{cov}(r_t, r_{t-s}) = \frac{\omega}{(1 - \delta - \gamma)} \qquad (3.16)$$

在上述条件下，估计 GARCH（1，1）模型的对数似然函数可以表述为

$$\log L(\gamma, \delta) = -\frac{1}{2} \sum_{t=1}^{T} \left[\log(2\pi) + \log(h_t) + \frac{\eta_t^2}{h_t} \right]$$

$$= -\frac{1}{2} \left\{ T\log(2\pi) + \sum_{t=1}^{T} \left[\log(h_t) + \frac{r_t^2}{h_t} \right] \right\} \qquad (3.17)$$

式（3.17）的非线性对数似然函数需要在考虑上述不等式约束的条件下进行最大化。

此外，为计算第 t 期的方差 h_t，必须选择正的初始值 h_0 和 η_0^2。为确保方差过程 $\{h_t\}_{t=0}^{\infty}$ 是非负的，令 $h_0 = \eta_0^2 = H$，无条件方差可以通过

$$\hat{H} = \frac{1}{T} \sum_{t=1}^{T} \eta_t^2 \tag{3.18}$$

进行估计。

（二）动态条件相关 DCC – GARCH 模型

为将上述模型推广到多元情形，假设在一个投资组合中有 n 种资产，收益率向量为 $r_t = (r_{1t}, r_{2t}, \cdots, r_{nt})'$，条件收益服从正态分布，具有零均值和条件方差—协方差矩阵 $H_t = E (r_t r_t' | \psi_{t-1})$。这表明

$$r_t = H_t^{\frac{1}{2}} \cdot z_t \qquad r_t | \psi_{t-1} \sim N(0, H_t) \tag{3.19}$$

其中，$z_t = (z_{1t}, z_{2t}, \cdots, z_{nt})' \sim N(0, I_n)$，$I_n$ 是 n 阶单位阵，$H_t^{1/2}$ 可以通过对 H_t 进行 Choesky 分解获得。

在动态条件相关（Dynamic Conditional Correlation，DCC）模型中，协方差阵被分解成

$$H_t = D_t \cdot R_t \cdot D_t \tag{3.20}$$

其中，D_t 是一个来自单变量 GARCH 过程的时变标准误对角阵。

$$D_t = \begin{bmatrix} \sqrt{h_{1t}} & 0 & 0 & \cdots & 0 \\ 0 & \sqrt{h_{2t}} & 0 & \cdots & 0 \\ 0 & 0 & \sqrt{h_{3t}} & & \vdots \\ \vdots & \vdots & \vdots & & 0 \\ 0 & 0 & \cdots & 0 & \sqrt{h_{nt}} \end{bmatrix} \tag{3.21}$$

R_t 是标准化随机扰动项 ε_t 的条件相关矩阵，

$$R_t = \begin{bmatrix} 1 & q_{12,t} & q_{13,t} & \cdots & q_{1n,t} \\ q_{21,t} & 1 & q_{23,t} & \cdots & q_{2n,t} \\ q_{31,t} & q_{32,t} & 1 & & q_{3n,t} \\ \vdots & \vdots & & \vdots & \vdots \\ q_{n1,t} & q_{n2,t} & q_{n3,t} & \cdots & 1 \end{bmatrix}$$

$$\varepsilon_t = D_t^{-1} r_t \sim N(0, R_t) \tag{3.22}$$

因而，条件相关是扰动项间的条件协方差。

为了保证 R_t 正定且所有相关系数小于等于 1，将 R_t 分解为

$$R_t = Q_t^{*-1} \cdot Q_t \cdot Q_t^{*-1} \tag{3.23}$$

其中，Q_t 定义了动态结构的正定阵，Q_t^{*-1} 重构了 Q_t 中的元素以确

保 $|q_{ij}| \leqslant 1$。换言之，Q_t^{*-1} 是一个对角阵，对角线元素是 Q_t 对角线元素的平方根的倒数，即

$$
Q_t^{*-1} = \begin{bmatrix}
\dfrac{1}{\sqrt{q_{11t}}} & 0 & 0 & \cdots & 0 \\
0 & \dfrac{1}{\sqrt{q_{22t}}} & 0 & \cdots & 0 \\
0 & 0 & \dfrac{1}{\sqrt{q_{33t}}} & & \vdots \\
\vdots & \vdots & & & 0 \\
0 & 0 & \cdots & 0 & \dfrac{1}{\sqrt{q_{nnt}}}
\end{bmatrix} \tag{3.24}
$$

假设 Q_t 具有如下动态结构

$$
Q_t = (1 - \alpha - \beta) \cdot \overline{Q} + \alpha \cdot \varepsilon_{t-1} \cdot \varepsilon'_{t-1} + \beta \cdot Q_{t-1} \tag{3.25}
$$

其中，α 和 β 是标量，$\overline{Q}$ 是标准化扰动项的无条件协方差。

$$
\overline{Q} = \text{cov}(\varepsilon_t \cdot \varepsilon'_t) = E[\varepsilon_t \cdot \varepsilon'] \tag{3.26}
$$

对于更为一般的 DCC (p, q) 模型，可以表述为

$$
Q_t = \left(1 - \sum_{i=1}^{p} \alpha_i - \sum_{j=1}^{q} \beta_j\right) \cdot \overline{Q} + \sum_{i=1}^{p} \alpha_i \varepsilon_{t-i} \varepsilon'_{t-i} + \sum_{j=1}^{q} \beta_j Q_{t-j} \tag{3.27}
$$

在 $\alpha \geqslant 0$，$\beta \geqslant 0$，$\alpha + \beta < 1$ 以及 $Q_0 > 0$ 的条件下，H_t 是正定的。

为估计 H_t 的参数，对数似然函数可以表示为

$$
\begin{aligned}
e(\theta) &= -\frac{1}{2} \sum_{t=1}^{T} \left[n \cdot \log(2\pi) + \log(|H_t|) + r'_t \cdot H_t^{-1} \cdot r_t \right] \\
&= -\frac{1}{2} \sum_{t=1}^{T} \left[n \cdot \log(2\pi) + 2 \cdot \log(|D_t|) + \log(|R_t|) + \varepsilon'_t \cdot R_t^{-1} \cdot \varepsilon_t \right]
\end{aligned} \tag{3.28}
$$

当预测 DCC 模型的协方差阵时，D_t 和 R_t 可以被分别计算。

通过下述方法可以获得 Engle 和 Sheppard（2001）的最小偏误预测：GARCH 模型本身产生了下一期的波动预测。当 $k > 1$ 时，为获得 $t + k$ 期的预测 $E(h_{t+k}|\psi_t)$，需要进行一次前向迭代。给定 t 期的信息集，h_{t+k} 的预测值为

$$
E(h_{t+k}|\psi_t) = h_{t+k}|_t = \sum_{i=0}^{k-2} \omega \cdot (\delta + \gamma)^i + (\delta + \gamma)^{k-1} \cdot h_{t+1} \tag{3.29}
$$

当 $\omega = (1 - \delta - \gamma) \cdot H$ 时，可以重构为

$$h_{t+k} = H + (\delta + \gamma)^{k-1} \cdot (h_{t+1} - H) \tag{3.30}$$

对于遵循非线性过程

$$Q_t = (1 - \alpha - \beta) \cdot \overline{Q} + \alpha \cdot \varepsilon_{t-1} \cdot \varepsilon'_{t-1} + \beta \cdot Q_{t-1} \tag{3.31}$$

的条件相关矩阵，由于 $E(\varepsilon_{t+k-1}\varepsilon'_{t+k-1} | \psi_t) = E(R_{t+k-1} | \psi_t)$，则在 $\overline{R} \approx \overline{Q}$ 和 $E(R_{t+i} | \psi_t) \approx E(Q_{t+i} | \psi_t)$ 的假设条件下，迭代方法可以被用来获得 $E(R_{t+k} | \psi_t)$ 的表达式。

因而，预测 k 步以前的相关矩阵的表达式为

$$E_t(R_{t+k}) = \sum_{i=0}^{k-2} (1 - \alpha - \beta) \cdot \overline{R} \cdot (\alpha + \beta)^i + (\alpha + \beta)^{k-1} \cdot R_{t+1}$$

$$\tag{3.32}$$

四　实证分析

（一）实证结果

在均值—方差分析框架下，本书选取美元、欧元、英镑和日元四种主要货币，并区分次贷危机期间、次贷危机后及 QE2 时期，分别对具有最小方差风险的中国外汇储备季度币种构成进行分析。

实证结果（见表 3 - 2）表明：为追求最小方差风险，次贷危机期间，除日元资产比重稳定在 5% —10% 外，中国外汇储备中美元、欧元及英镑资产比重的变化都较大；次贷危机，美元资产比重稳定在 50% —55%，欧元资产比重在 30% 左右，英镑资产比重在 2% —8% 波动，日元资产比重则上升至 7% —15%。

表 3 - 2　　具有最小风险的中国季度外汇储备币种构成

次贷危机期间	美元（%）	欧元（%）	英镑（%）	日元（%）	最小风险
2007 年 3 季度	29.04	25.15	34.59	11.23	0.00001439
2007 年 4 季度	11.13	29.42	54.65	4.81	0.00002416
2008 年 1 季度	6.78	12.22	72.88	8.12	0.00024399
2008 年 2 季度	16.42	63.04	15.20	5.35	0.01117763
2008 年 3 季度	33.03	59.50	0.11	7.35	0.01808102
次贷危机后	美元（%）	欧元（%）	英镑（%）	日元（%）	最小风险
2008 年 4 季度	41.88	43.29	10.46	4.38	0.12484435
2009 年 1 季度	49.62	34.17	6.34	9.87	0.17316376
2009 年 2 季度	53.46	35.17	0.14	11.23	0.23217912

续表

次贷危机后	美元（%）	欧元（%）	英镑（%）	日元（%）	最小风险
2009 年 3 季度	52.33	29.18	4.18	14.31	0.23753490
2009 年 4 季度	52.83	31.27	7.23	8.67	0.30469038
2010 年 1 季度	53.34	27.35	6.29	13.02	0.35265724
2010 年 2 季度	53.52	32.03	4.88	9.57	0.38165594
2010 年 3 季度	55.25	26.58	4.88	13.30	0.36405214
QE2 时期	美元（%）	欧元（%）	英镑（%）	日元（%）	最小风险
2010 年 4 季度	55.04	33.67	2.93	8.37	0.35371175
2011 年 1 季度	55.26	32.17	2.24	10.33	0.34386967

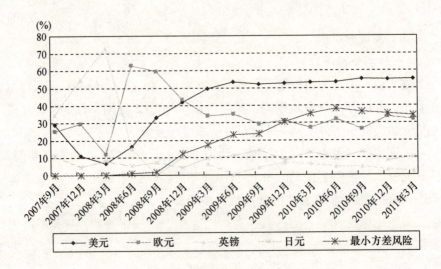

图 3-3　外汇储备币种结构及最小风险

从图 3-3 不难发现，美元资产比重同最小方差风险的变动趋势较为相似，相关系数达到了 0.8916。显然，疲弱的美元以及过高的美元资产比重已成为中国外汇储备风险的重要来源。

（二）分析与讨论

对比分析外汇储备的"应然"与"实然"结构，从币种构成角度考虑，为化解中国外汇储备风险，应当做好以下几方面工作：

首先，应逐步降低美元资产在外汇储备中的相对权重。受次贷危机影响，美国经济前景黯淡，尽管避险资金推动美元阶段性走强，但从中长期来看，为刺激经济复苏，扩张性财政政策和"量化宽松"的货币政策使得全球美元泛滥，疲弱的美元更使得其真实购买力显著下降。普遍认为，中国外汇储备中美元资产比重过高，降低美元资产比重势在必行。作为继中国和日本之后的全球第三大外汇储备持有国，俄罗斯就明确表达了对过分依赖美元的担忧。俄罗斯总统首席经济助手 Arkady Dvorkovich 称，俄罗斯可能会继续减持美国国债。然而，鉴于体量巨大的外汇储备规模，有关币种结构调整的任何操作都应在有利于全球经济稳定和中国外汇储备保值的基础上逐步进行。贸然减持美元可能会引发全球金融市场动荡继而招致更大损失。尽管 Buffett 盛赞中国的外汇储备管理政策，但从目前形势判断，快速减持或者继续大量购买美元资产显然都是不够明智的。时至今日，为降低美元资产比重，着眼于"增量"及部分到期资产的"存量"调整显然更为合理：一方面，通过减少购买美元资产达到稀释其比例的目的；另一方面，加大新增储备及到期回收资产对日元等非美元资产的投资，逐步将美元资产比重降至合理水平。

　　其次，应适当增加日元资产占外汇储备的比重。作为中国的重要贸易伙伴，日元在中国外汇储备构成中并未获得应有的重视。这一方面是由其自身不完全的国际化所致，另一方面也同近年来萎靡不振的日本经济有关。然而，在欧洲各国深陷主权债务危机的今天，将美元资产转换成欧元储备显然并非明智之举，这无疑为增持日元资产提供了机遇。2010 年 1—9 月，中国已经购买了 270 亿美元的日本国债，相当于过去 5 年购买总和的 6 倍。2011 年，中国在容量有限的亚洲市场更为活跃，大幅增持韩国国债的行为在当地市场引起了不小震动。此外，"3·11 东日本大地震"之前，中投公司在东京等地大举购置房产的行为也显示了投资政策上些许新的变化。灾后重建主题可能会进一步推高日元，助长资产价格。"减持美元、增持日元"或许能够降低中国外汇储备面临的风险。

　　再次，不可盲目减持欧元资产。中国一直是欧洲金融稳定基金（European Financial Stability Facility，EFSF）所发行的 AAA 级债券的大买家。据渣打银行（Standard Chartered）的一项研究报告显示，2011 年前 5 个月，中国可能继续购买了 10 亿欧元左右的 EFSM 债券，并同时购买了大约 240 亿美元的德国、法国所发行 AAA 级债券，以及 720 亿美元的欧洲公司债券。Heritage Foundation 的 Derek Scissors 认为，为了获得总体上的外交利益，中国必然会大肆宣传对救助欧洲的福利贡献。对中国而言，期望规避欧洲主权债务危机的风险并不现实。在中国外汇储备币种构成中，尽管欧元资产比重未必会大幅上升，但至少不应快速下降。

　　总的说来，2008 年金融危机以来，美元霸权主导国际货币体系的基本格局并未发生实质性变化。IMF 数据显示，2010 年底美元占全球官方外汇储备的比例依然高达 65%，只比危机前的 66% 略有下降；全球金融危机爆发之后，各国央行并未大规模减持美国国债，相反，还加速购买了美元资产。Fannie Mae 和 Freddie Mac 被美国政府接管之后，各国大量减持了此类证券，却大幅度增持了美国政府债券。目前全球所有债券中，以美元计价和交易的比例依然高达 45%。美元霸权不断强化的最显著特征，便是美国国债市场的不断壮大。美国国债与 GDP 之比已远超国际公认的警戒水平。2011 年 8 月，美国国债达到 14.29 万亿美元，与 GDP 之比接近 100%。据美国国会预算办公室（CBO）估算，到 2021 年，美国国债与 GDP 之比将达到 90%；国际货币基金组织的估计则更为悲观，到 2015 年，美国国债与 GDP 之比就将达到 100%。其实，美国政府实际债务总量要比 14.29 万亿美元大得多。据美国财政部前副部长 Atman 估计，2010 年底美国实际债务总量可能高达 31 万亿美元。美国国债市场规模越大、流动性越高，就越具有"锁定效应"和"规模效应"，就越具有垄断性。凭借美元霸权和美债陷阱，美国可以非常方便地为自己的三大赤字（财政赤字、经常账户赤字和国际收支赤字）融资，可以肆无忌惮地实施量化宽松货币政策，将债务货币化，向全球征收通货膨胀税和铸币税，却不用担心国内通胀。

　　因而，对各国外汇储备管理者而言，短期内减持美国国债的行为并不能从根本上解决自身的储备管理困境。在全球层面上，真正有效地推进国际货币体系改革才是问题的关键。

第三节　减持美元资产的动态最优路径

　　前述分析表明，为降低外汇储备风险，外汇管理局应当减持美元资产，同时增持日元资产。然而，必须审慎思考的问题是：减持美元的最优路径如何？石凯、刘力臻和聂丽（2012）对此有过论述，本书将拓展其分析框架。

一 一个连续时间分析框架

首先来考虑连续时间的动态最优化问题。

（一）基本假设

①中国持有的外汇储备 W 由美元 D、欧元、英镑及日元 J 资产组成，且欧元资产比重为 28%，英镑资产比重为 5%。设美元资产所占比重为 x，则日元资产比重为 $1-28\%-5\%-x$，其中 x 是时间 t 的函数，且 $x>1-28\%-5\%-x$。

②外汇储备按 $W_t=W_0\cdot(\beta_0+\beta_1\cdot t+\beta_2\cdot t^2)$ 的模式增长，其中 W_0 代表初始的外汇储备规模。

为进一步说明这一设定的合理性，需要首先回顾中国外汇储备的增长历程。2000—2011 年，中国外汇储备实现了年均 29.25% 的快速增长，由 1999 年 12 月的 1546.75 亿美元急速跃升至 2011 年 12 月的 31811.48 亿美元，增长近 20 倍。外汇储备占 GDP 的比重也由 0.83% 上升到 48.01%。为准确刻画中国外汇储备的增长规律，我们分别考察了对数线性模型、线性模型及二项式模型，具体拟合结果如图 3-4 所示。

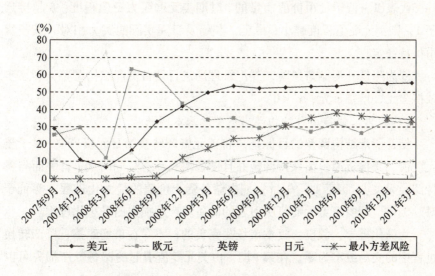

图 3-4 中国外汇储备实际值及拟合值

显然，二项式模型较好地反映了中国外汇储备的增长动态。因而，上述设定是基本合理的①。

③外汇储备中美元资产的平均收益率为 r_D，日元资产的平均收益率为 r_J，美国和日本的通胀率分别为 π_D 和 π_J，且 $r_D = \pi_D$，$r_J = \pi_J$②。

外汇储备是存放于国外，以外币计值的本国资产。考虑到安全性、流动性及市场容量，中国外汇储备通常投资于主权信用等级较高的发达国家的国债，因而外汇储备的收益主要同国债收益率有关。外汇储备的损失，主要来自于影响储备货币币值稳定的国内外因素：一是储备资产存放国的通货膨胀率；二是储备货币汇率的变化。通常而言，中国外汇储备的管理策略是"买入并持有到期"，而发达国家的长期国债普遍具有基本的抗通胀功能。因而，在美国和日本不发生严重通货膨胀的情况下，"持有国债的平均净收益为零"并不是一个非常强的假设。此外，外汇储备投资管理的主要目的是保值，而非盲目追求收益，因而假定净收益为 0 既是合理的，同时又便利了模型推导。

④储备资产价值以一篮子货币实际购买力来衡量。

⑤美元实际购买力相对一篮子货币贬值，$0 < \delta < 1$ 是时间 t 的函数，$1 - \delta$ 代表以一篮子货币价值衡量的 t 时期美元购买力贬值程度：δ 越接近于 1，则美元贬值程度越小；欧元、英镑及日元实际购买力相对一篮子货币保持稳定。

⑥为降低外汇储备风险，外汇管理局进行储备资产结构调整，即逐步减持美元、增持日元，$x' < 0$。

（二）外汇储备币种结构动态调整的基本问题

储备资产结构调整的目标是"将美元资产转换为日元资产"。由于美元贬值、其他货币价值保持稳定并且储备增长动态只同时间 t 有关而与减持路径无关③，因而对 $[0, t]$ 期内储备资产价值的最大化过程，等价于对 $[0, t]$ 期内由美元贬值所引起的储备资产总损失的最小化过程。

为简化推导，假设：资本市场是完美的；不存在市场摩擦；资产转换过程中的交易成本为零。在第 t 期，由美元贬值引起的储备资产损失可以表示为

---

① 需要说明的是：此处的"增长"指因交易因素而净增加的储备。

② 实际上，可以放松这一假设为"汇率变动遵循非抵补的利率平价"，而不影响此后的分析结论。

③ 假设新增资产按照货币篮子的构成进行资产配置。

$$Loss = W_0 \cdot x(t) \cdot (1 - \delta(t)) \tag{3.33}$$

其中，$0 < \delta(t) < 1$。

美元减持行为，实际上同美元实际购买力变化、现有美元资产比重及储备增长动态有关：美元购买力越稳定、现有美元资产比重越高，则减持越快[①]；在不影响资产价格稳定的情况下，外汇储备增长越快，寻找美元替代物的难度越大，因而减持越慢。

假设：调整速度[②] x' 同美元实际购买力 $\delta(t)$、现有美元资产比重 x 及新增储备资产占原储备资产的比例 $(\beta_1 + 2 \cdot \beta_2 \cdot t)$ 间存在如下线性关系

$$-\alpha \cdot x' = c_1 \cdot \delta - c_2 \cdot (\beta_1 + 2 \cdot \beta_2 \cdot t) + c_3 \cdot x \tag{3.34}$$

其中，$\alpha > 0$，$c_1 > 0$，$c_2 > 0$，$c_3 > 0$，$0 < \delta(t) < 1$。

将式（3.34）代入式（3.33）得

$$
\begin{aligned}
Loss &= W_0 \cdot x \cdot \left[1 - \frac{c_2}{c_1} \cdot (\beta_1 + 2 \cdot \beta_2 \cdot t) + \frac{c_3}{c_1} \cdot x + \frac{\alpha}{c_1} \cdot x' \right] \\
&= W_0 \cdot x \cdot (1 + \lambda_1 + \lambda_2 \cdot t + \lambda_3 \cdot x + \lambda_4 \cdot x')
\end{aligned}
\tag{3.35}
$$

其中，$\lambda_1 = -c_2 \cdot \beta_1 / c_1$，$\lambda_2 = -2\beta_2 \cdot \beta_1 / c_1$，$\lambda_3 = c_3 / c_1$，$\lambda_4 = \alpha / c_1$。

于是，外汇管理局面临的基本问题是：寻找 x 的最优路径使得储备资产在区间 $[0, T]$ 上的总损失最小。在减持美元过程中，外汇管理局实际上面临着多种困境：一方面，短期快速减持增加了外部压力，助长了美元颓势，加剧了储备资产的损失；另一方面，出于流动性、安全性、市场容量及美元国际地位等考虑，外汇管理局不可能无节制地减持美元。在中国的巨额外汇储备构成中，即便减持以后，美元资产实际上仍将占有较大比重。

在实际管理过程中，外汇管理局通常采取三种不同的调整策略：一是同时设定未来某一时间所要达到的目标值；二是只设定未来美元资产比重的预期值，但不设定达到这一目标值的具体时间——这实际上是一个水平终结线问题；三是仅设定实现最优化的目标时间，但不限定美元资产的具

---

① 实际上，这里考虑的是一种"反向操作"策略：在美元购买力相对稳定时较大规模地减持美元资产，有利于交易的达成，并获得相对合理的交易价格；在美元购买力下降较快时降低减持规模，有助于维系美元资产的价值，稳定市场环境。布鲁金斯学会（Brookings Institution）中国问题学者 Eswar Prasad 也认为，采取一种反向策略，在美元强劲时期择机大幅分散外储投资组合中的货币构成，降低美元比重，对于中国来说是最佳选择。

② 即美元资产比重 x 对时间 t 的导数 $x' = \partial x_t / \partial t$。

体权重——这实际上是一个垂直终结线问题。

第一种情况等价于

$$\min \Gamma(x) = \int_0^T Loss(t, x, x')\, dt$$

s. t. $\quad x(0) = x_0, \quad x(T) = x_T$ (3.36)

其中, x_0 是固定的, x_T 和 T 是外生给定的, 且 $x_0 > x_T > 0$。

水平终结线问题等价于

$$\min \Gamma(x) = \int_0^T Loss(t, x, x')\, dt$$

s. t. $\quad x(0) = x_0, \quad x(T) = x_T$ (3.37)

其中, x_0 是固定的, x_T 是外生给定的, 但 T 是自由可变的, 且 $x_0 > x_T > 0$。

垂直终结线问题等价于

$$\min \Gamma(x) = \int_0^T Loss(t, x, x')\, dt$$

s. t. $\quad x(0) = x_0, \quad x(T) = x_T$ (3.38)

其中, x_0 是固定的, x_T 是自由可变的, 但 T 是外生给定的, 且 $x_0 > x_T > 0$。

（三）解路径

基于目标函数, $F = Loss(t, x, x')$ 产生了一阶导数

$$F_x = W_0 \cdot (1 + \lambda_1 + \lambda_2 \cdot t + \lambda_3 \cdot x + \lambda_4 \cdot x') + W_0 \cdot \lambda_3 \cdot x$$

$$F_{x'} = W_0 \cdot \lambda_4 \cdot x$$ (3.39)

以及二阶导数

$$F_{x'x'} = 0$$

$$F_{xx'} = W_0 \cdot \lambda_4$$

$$F_{tx'} = 0$$ (3.40)

由 Euler 方程, 得一阶必要条件

$$W_0 \cdot (1 + \lambda_1 + \lambda_2 \cdot t + 2\lambda_3 \cdot x) = 0$$ (3.41)

最优解为

$$x = -\frac{1 + \lambda_1}{2\lambda_3} - \frac{\lambda_2}{2\lambda_3} \cdot t$$ (3.42)

通常而言, 第一种情况并不必然保证存在最优解, 因而更为重要的是在横截条件约束下求取储备调整的最优路径。

对于垂直终结线问题，除一阶条件外，还需满足横截条件

$$(F_{x'})_{t=T} = 0 \tag{3.43}$$

即

$$[F_{x'} = W_0 \cdot \lambda_4 \cdot x(t)]_{t=T} = 0 \tag{3.44}$$

对于水平终结线问题，则仍需满足横截条件

$$(F - x' \cdot F_{x'})_{t=T} = 0 \tag{3.45}$$

即

$$[W_0 \cdot x(1 + \lambda_1 + \lambda_2 \cdot t + \lambda_3 \cdot x + \lambda_4 \cdot x') - x' \cdot W_0 \cdot \lambda_4 \cdot x]_{t=T} = 0 \tag{3.46}$$

由于 $F_{x'x'} = 0$，易于发现上述最优化问题满足基本的 Legendre 条件。

二　一个离散时间分析框架

由于外汇储备管理不可能连续不断地进行，外汇管理局通常也只是对储备资产进行定期调整，因而连续时间假设可能同现实情况仍有一定差距。接下来将放松连续时间假设，在一个离散时间框架下分析外汇储备币种结构调整问题。一般说来，这并不需要对连续时间框架做较大修改，仅需对某些设定做出必要的完善。

（一）基本假设

①中国持有的外汇储备 W 由美元 D、欧元、英镑及日元 J 资产组成，且欧元资产比重为 28%，英镑资产比重为 5%。设美元资产所占比重为 x，则日元资产比重为 $1 - 28\% - 5\% - x$，其中 x 是时间 t 的函数，且 $x > 1 - 28\% - 5\% - x$。

②外汇储备按 $W_t = W_0 \cdot (\beta_0 + \beta_1 \cdot t + \beta_2 \cdot t^2)$ 的模式增长，其中 W_0 代表初始的外汇储备规模。

③外汇储备中美元资产的平均收益率为 r_D，日元资产的平均收益率为 r_J，美国和日本的通胀率分别为 π_D 和 π_J，且 $r_D = \pi_D$，$r_J = \pi_J$。

④储备资产价值以一篮子货币实际购买力来衡量。

⑤美元实际购买力相对一篮子货币贬值，$\Delta p < 0$ 是以一篮子货币价值衡量的、相对上一期的美元购买力的贬值程度；欧元、英镑及日元实际购买力相对一篮子货币保持稳定。

⑥为降低外汇储备风险，外汇管理局进行币种结构调整，即逐步减持美元、增持日元，$\Delta x = x(t) - x(t-1) < 0$。

(二) 基本问题

同连续时间分析框架类似，实际调整目标仍旧是"将美元资产转换成日元"以使 $[0, t]$ 期内由美元贬值所引起的储备资产总损失最小。

沿用上述对交易成本为零的假设，在第 t 期，由美元贬值所引起的储备资产损失为

$$Loss = W_0 \cdot x(t) \cdot \Delta p \tag{3.47}$$

其中，$\Delta p < 0$。

假设美元减持比例 Δx 同美元贬值程度 Δp、现有美元资产比重 x 及新增储备资产占原储备资产的比例 $(\beta_1 + 2 \cdot \beta_2 \cdot t)$ 之间存在如下线性关系，

$$-\alpha \cdot \Delta x = c_1 \cdot \Delta p - c_2 \cdot (\beta_1 + 2 \cdot \beta_2 \cdot t) + c_3 \cdot x \tag{3.48}$$

其中，$\Delta x = x(t) - x(t-1)$，$\alpha > 0$，$c_1 < 0$，$c_2 > 0$，$c_3 > 0$，$\Delta p < 0$。

将式 (3.48) 代入式 (3.47)，得

$$\begin{aligned} Loss_t &= W_0 \cdot x(t) \cdot \left\{ \frac{c_3}{c_1} \cdot x(t) + \frac{\alpha}{c_1} \cdot [x(t) - x(t-1)] - \frac{c_2}{c_1} \cdot (\beta_1 + 2 \cdot \beta_2 \cdot t) \right\} \\ &= W_0 \cdot x(t) \cdot [(\lambda_1 + \lambda_4) \cdot x(t) - \lambda_1 \cdot x(t-1) - \lambda_2 - \lambda_3 \cdot t] \end{aligned} \tag{3.49}$$

其中，$\lambda_1 = \alpha/c_1$，$\lambda_2 = c_2 \cdot \beta_1/c_1$，$\lambda_3 = 2c_2 \cdot \beta_2/c_1$，$\lambda_4 = c_3/c_1$。

于是，外汇储备币种结构调整的基本问题为

$$\min V[x] = \sum_{t=0}^{T} Loss_t[t, x(t), x(t-1)]$$

$$\text{s. t. } x(0) = x_0, x(T) = x_T \tag{3.50}$$

其中，x_0 和 x_T 代表外生给定的美元资产比重，且 $x_0 > x_T > 0$。

(三) 模型求解

由 $L[x(k), x(k-1), k] = Loss_t[t, x(t), x(t-1)]$，得

$$\frac{\partial L[x(k), x(k+1), k]}{\partial x(k)} = -\lambda_1 \cdot W_0 \cdot x(k+1) \tag{3.51}$$

及

$$\frac{\partial L[x(k-1), x(k), k]}{\partial x(k)} = W_0 \cdot [(\lambda_1 + \lambda_4) \cdot x(k) - \lambda_1 \cdot x(k-1) - \lambda_2 -$$

$$\lambda_3 \cdot k] + W_0 \cdot (\lambda_1 + \lambda_4) \cdot x(k) \tag{3.52}$$

由离散的 Euler 方程，得一阶必要条件

$$-\lambda_1 \cdot x(k+1) + 2(\lambda_1 + \lambda_4) \cdot x(k) - \lambda_1 \cdot x(k-1) - \lambda_2 - \lambda_3 \cdot k = 0$$

$$(3.53)$$

将初始及终结条件 $x(0) = x_0$ 和 $x(T) = x_T$ 代入式（3.53），可得 $T-1$ 个方程、$T-1$ 个未知数 $x(1), x(2), \cdots, x(T-1)$ 的方程组。由此即可求得研究期内美元资产的最优权重以及减持美元的动态最优路径。

值得注意的是，尽管上述分析能够获得解析解，但由于内含参数较多，解的具体形式较为复杂。因而，在研究过程中我们同时考察了获得数值解的问题。大量模拟研究显示，尽管数值解对模型参数较为敏感，但第2次至第 $T-1$ 次操作基本表现为均等比例减持过程。换言之，在所考察的时段内，除初始条件和终结条件两个端点情形外，币种结构调整过程中的最优美元权重是线性减少的[①]。因而，处理好首次及末次美元减持比例可能更为重要。

本章小结

尽管具体数据并不公开，中国外汇储备中美元资产比重过高已是不争的事实。结合 TIC 报告和 COFER 数据，本章首先探讨了中国外汇储备的可能币种结构。研究发现：中国外汇储备可能由 60%—65% 的美元、25%—30% 的欧元、5%—7% 的英镑以及 3%—5% 的日元资产构成。

后美元霸权时期，过高的美元资产比重使得中国外汇储备的风险敞口日益增大。根据美国财政部 TIC 报告显示：截至 2007 年 6 月，中国共持有各类美元债券 9220 亿，其中同房地产相关的 ABS 债券 2060 亿、其他 ABS 债券 110 亿；持有 Fannie Mae 和 Freddie Mac 债券的比例占到当期全部外汇储备的 15.46%。一旦 Fannie Mae 和 Freddie Mac 退市，超过七分之一的中国外汇储备便将面临巨亏。对外汇储备进行币种结构优化，可能是后金融危机时期外汇储备风险管理更为现实的选择。

后金融危机及主权债务危机时期，国际货币体系的不稳定性显著增强：美元依然主导，欧元面临挑战，人心向往多元。继续增持美元，显然

---

① 虽然没有给出精确的数值解，但本书的重要意义在于：首次明确提出一个现实可行的分析框架。实际上，管理当局可以根据自身偏好针对特定调整目标设定参数进行具体研究。

不利于分散风险；欧元区经济问题颇多，增持欧元亦非明智之举；尽管也有学者（Fan、Wang 和 Huang，2013）提出亚洲国家互持储备问题，但考虑到市场容量、货币国际化程度等因素，其在短期内难以有效降低中国外汇储备面临的风险。

为此，本章在均值—方差框架下，使用 DCC – GARCH 模型处理收益率间的时变相关关系，借助张斌、王勋和华秀萍（2010）对中国外汇储备投资收益的研究，分次贷危机期间、次贷危机后及 QE2 三个时段，实证分析了中国外汇储备的最优币种构成问题。研究表明，疲弱的美元以及过高的美元资产比重已成为中国外汇储备风险的重要来源。为有效降低风险，将美元资产转换为日元资产可能是更加现实的选择，切不可盲目减持欧元资产。

日本财务省和日本银行 2012 年 6 月 4 日联合发布的国际收支统计数据显示：截至 2011 年底，中国持有的日本国债余额约为 18 万亿日元，约合 2328 亿美元，相比上一年增长约 71%，占全部外汇储备的比例也达到7.27%，创历史新高。这表明，中国可能在加快将外汇储备中的美元资产转换为日元资产的步伐。

此外，动态最优化分析架起了储备资产"应然"与"实然"结构之间的桥梁，能够为中国外汇储备币种结构调整提供更为可行的操作路径。

第四章 中国外汇储备资产结构优化

外汇储备的资产结构（或称投资构成），涉及投资工具选择、时间期限安排等具体投资问题，是储备资产战略布局的微观基础。对资产结构进行优化，不仅有利于实现保值、有效降低风险，更有助于赚取高额投资利润，是外汇储备积极管理的重要环节。出于安全性及稳定性考虑，中国外汇储备投资状况并不对外披露，这在很大程度上给探讨资产结构优化造成了困难：在研究过程中只能借助 TIC 报告窥探美元资产构成；此外，对欧元及日元资产构成的分析近乎无法进行，故而本章并未涉及对此二者的讨论。为弥补公开信息不足的缺陷，在对中国国际储备构成进行分析以后，我们对同为新兴市场国家的巴西的国际储备及外汇储备构成进行了些许探讨，以便于更加深入地了解中国外汇储备的资产结构。

第一节 储备资产构成

按照 BPM6 的定义，储备资产一般需要满足以下规范：

（1）储备资产必须是实际存在的外币资产。由货币当局"控制"和"使用"是储备资产的基本特征。

（2）根据居民地位的概念，除黄金外的储备资产必须是对非居民的债权。

（3）货币当局的职能是界定储备资产的基础。通常，只有货币当局实际拥有的对外债权才列示为储备。当然，"所有权"并非识别"控制权"的唯一标准。如果本国除货币当局以外的某些机构对国外外币资产拥有法定所有权，并且只能按照货币当局规定的条件，或者经货币当局明示同意后，才能对这些资产进行处分，那么也可将其视为储备资产。

（4）储备资产必须无条件随时可供使用。储备资产的流动性在于：可以以较低的成本、在最短的时间内进行买卖及换取外币，并不会使资产价值受到不当影响。以资产作为担保的筹资能力，并不足以使一项资产成为储备资产。当然，有些存贷款不一定适于销售，但却是具有流动性的，因而将被列入储备资产。

（5）如果要具备流动性，储备资产还必须以可兑换外币计价和结算。以黄金和特别提款权计价的资产，也可归入储备资产。但以本币计价或随本币进行指数化调整、用外币结算的资产不是储备资产。

从各国的具体实践来看，国际储备资产由货币黄金、特别提款权、在基金组织的储备头寸、货币和存款、证券（包括债务和股本证券）、金融衍生产品和其他债权（贷款和其他金融工具）等构成。

货币黄金，包括金块以及对非居民的、能够赋予黄金交割请求权的未分配黄金账户。

特别提款权持有，是由基金组织创设的储备资产，几乎在所有方面都相当于可兑换货币的现金结余。

在基金组织的储备头寸由以下两项组成：一是"储备档"，即成员国一经通知便可提取的外币金额（包括特别提款权）；二是（按照贷款协议）在基金组织的普通资源账户中，随时可供成员国使用的任何基金组织债务，包括报告国根据总借款安排和新借款安排提供给基金组织的借款。

列入储备资产的存款是在外国央行、国际清算银行和其他非居民存款性公司中存放的货币，以及与基金组织信托账户之间的、可随时支取以满足国际收支融资需求的存款协议。由于向其他中央银行、国际清算银行和其他存款性公司提供的短期贷款与存款十分相似、实践中难以区分，因而依惯例并按照银行间头寸的处理办法，将由货币当局向非居民存款性公司提供的、一经要求便可赎回的短期外币贷款记为储备资产中的存款。

证券，指由非居民发行的可销售流动股本证券和债务证券（包括长期证券），但原则上不包括流动证券以外的非上市证券。

金融衍生产品，只有当其与储备资产管理有关，是该资产计值不可或缺的一部分，并且处于货币当局有效控制之下时，才记入储备资产。由于其与资产管理有关，所以这些交易和头寸按市场价值以净值记录。

　　其他债权，包括提供给非居民非存款性公司的贷款、提供给基金组织信托账户并可随时偿还以满足国际收支融资需求的长期贷款、因逆回购产生的贷款以及之前没有列入的其他金融资产——前提是该资产为可供立即使用的外币资产。

　　此外，值得一提的是各国中央银行之间基于互换安排所创造的资产也应作为储备资产处理。因为互换为中央银行提供了可用以满足相关经济体的国际收支融资需求和其他相关目的的资产，从其他中央银行获得的互惠存款只要符合储备资产的一般标准，并且以可兑换货币计价和结算，便理应归入储备资产。

　　一　中国国际储备构成

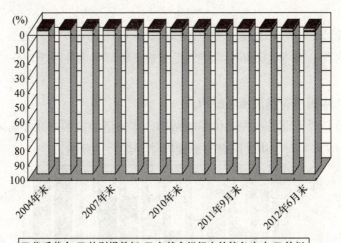

图 4 - 1　中国国际储备构成

资料来源：中国国际投资头寸表。

　　从国际投资头寸表来看，中国的国际储备由货币黄金、特别提款权、在基金组织中的头寸以及外汇四部分构成。在数量上，国际储备中的绝大部分为外汇储备；尽管黄金储备价值逐年递增，但其占中国国际储备的分量仍十分有限；值得注意的是，尽管 2009 年末中国持有的特别提款权较之前扩大了 10 倍，但其价值尚不及储备资产中黄金总价值的三分之一。SDR 对中国国际储备构成的影响十分微弱。

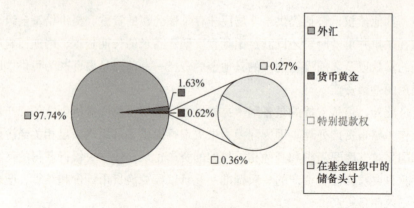

图 4 - 2 2012 年 6 月末中国国际储备构成

资料来源：国家外汇管理局。

截至 2012 年 6 月末，中国国际储备资产的 97.74% 为外汇储备，1.63% 为黄金储备，0.36% 为特别提款权，0.27% 为在基金组织中的储备头寸。

二 中国持有美国债券的构成

为分析外汇储备中美元债券的结构，本书借助美国财政部国际资本流动报告（TIC）对中国大陆持有的美国债券进行了分析。

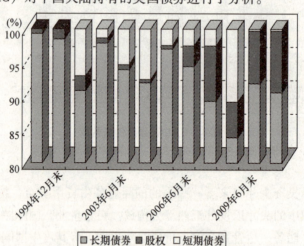

图 4 - 3 中国大陆持有的美国债券的构成

说明：1994 年 12 月末及 2000 年 3 月末中国持有的美国债券市值的数据不可得。

资料来源：美国财政部 TIC 报告。

TIC 报告统计显示,长期债券占中国持有的美国债券的绝大部分;短期债券占比波动较大;2007 年以后,股权投资占比显著提高。

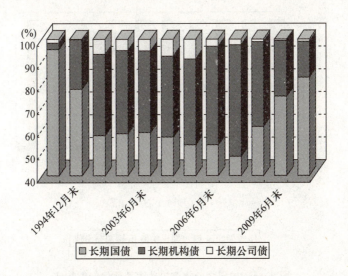

图 4 - 4 中国大陆持有的美国长期债券的构成

资料来源:美国财政部 TIC 报告。

在长期债券构成方面,美国国债占比较高,公司债占比较低。2000年以前,长期国债占比显著下降;2002—2005 年,基本稳定在 60% 的水平上;次贷危机前,长期国债占比小幅下降,2008 年长期国债在中国持有的美国长期债券中的比重不足 50%;次贷危机后,国债占比显著回升,2011 年 6 月末国债占长期债券的比重已超过 80%。

2002—2005 年,美国机构债在长期债券中的比重趋于稳定;次贷危机前,机构债券表现出挤压长期国债和公司债的倾向,机构债占比的扩张势头十分明显,2008 年机构债券在中国持有的长期债券中的占比已超过50%;随着次贷危机的爆发,中国减持机构债券的动作十分明显,2008年以后机构债占比持续下降。

2002—2006 年,公司债券占长期债券的比重稳中有升。然而,随着中投公司的成立,公司债占比开始快速下降。

从短期债券构成来看,美国机构债券被国债替代的倾向十分明显。2002—2005 年,机构债券占比持续下降,国债占比上升的势头却相当显著;2006—2008 年,国债对机构债的替代并不明显;次贷危机后,国债在

中国持有的美国短期债券的构成中居于主导,而机构债占比已不足 2%,
中国对美国短期机构债券的减持意愿十分坚决。

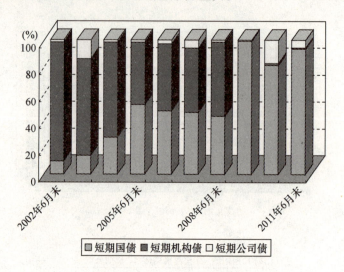

图 4 – 5　中国大陆持有的美国短期债券的构成

资料来源:美国财政部 TIC 报告。

截至 2011 年 6 月,长期国债占中国持有的美国债券的 75.43%,长期
机构债占 14.17%,二者合计接近 90%;股权类资产占 9.20%,长期公司
债占 0.91%,短期国债、短期机构债及短期公司债合计不超过 0.3%。

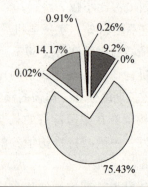

图 4 – 6　2011 年 6 月末中国大陆持有的美国债券的构成

资料来源:美国财政部 TIC 报告。

从交易数据来看，2000 年美国国债和政府机构债的净交易量大于同期中国外汇储备价值变化；美国国债的交易量较大，且净买卖交替变化频繁；同期，中国净买入美国机构债的操作十分明确。

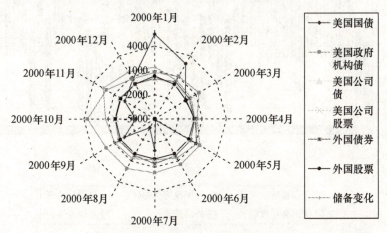

图 4 - 7　2000 年中国大陆在美国债券市场的净交易额及中国外汇储备变化

说明：正值表示净购买，负值表示净卖出；单位：百万美元。

资料来源：美国财政部 TIC 报告。

2005 年，中国外汇储备价值变化显著高于美国债券的净交易量。同期，中国对美国国债、机构债和公司债的操作以净买入为主，对外国在美国发行的股权资产以净卖出为主。

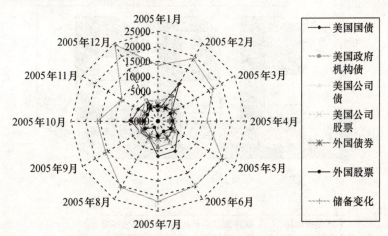

图 4 - 8　2005 年中国大陆在美国债券市场的净交易额及中国外汇储备变化

说明：正值表示净购买，负值表示净卖出；单位：百万美元。

资料来源：美国财政部 TIC 报告。

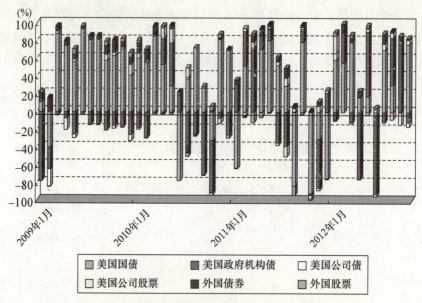

图4-9 中国大陆在美国债券市场上的净交易的构成

说明：正值表示净购买，负值表示净卖出。

资料来源：美国财政部 TIC 报告。

从净交易量上来看，次贷危机后中国在美国债券市场上对美国国债进行的操作以净买入为主，但2010年6月—2011年12月美国国债的净卖出明显增加。2009年以后，对美国政府机构债的操作以净卖出为主。总体看

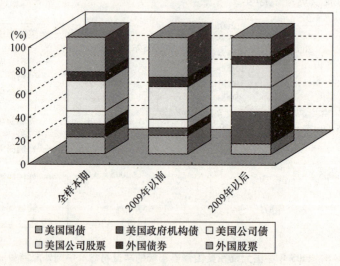

图4-10 中国大陆净减持操作次数构成

资料来源：美国财政部 TIC 报告。

来，国债净交易在中国持有的美国证券净交易中占主要部分。

从净减持次数占比上来看，2009 年以前中国对美国市场上的外国股票、美国公司股票及美国国债的净减持次数的占比较高；2009 年以后，对美国政府机构债、美国公司债、美国公司股票及外国股票的净减持次数的占比较高。次贷危机后，中国对美国政府机构债、美国公司债的净减持操作有所增加，对外国股票、美国公司股票和美国国债的净减持有所减少。

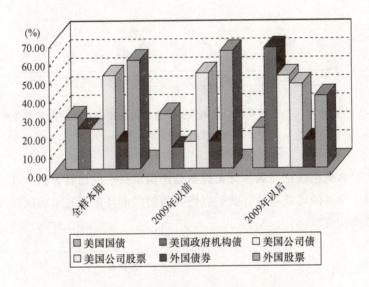

图 4-11 中国大陆净减持月份占比

资料来源：美国财政部 TIC 报告。

从净减持操作的频度来看，2009 年以前，中国大陆对股票和美国国债的净卖出频率高于次贷危机后；2009 年以后，对美国政府机构债和美国公司债的净卖出操作显著增加。次贷危机后的过半数时间里，中国大陆仍在净卖出美国政府机构债。

从人民银行及其他国内银行持有的在美国存款占中国外汇储备的比重来看，2011 年以前不可转让存款（Non-negotiable Deposit）占比不超过1%，2011 年起这一比例有所上升；2008 年—2012 年 2 月，可转让定期存单和短期证券（Negotiable CDs and Short-term Securities）占比由 10%迅速下降到略高于 0.1%。

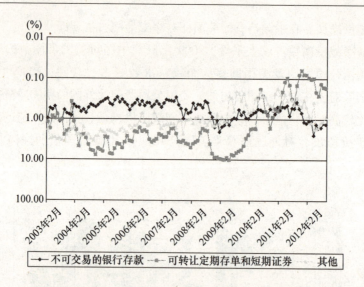

图 4 - 12   由中国人民银行及其他国内银行持有的美国银行存款占外汇储备的比重
资料来源：TIC 报告的美国银行对外国投资者的负债。

三   其他新兴市场国家外汇储备资产构成——以巴西为例

限于数据的可获得性，我们以巴西为例探索其他新兴市场国家外汇储备的资产构成。

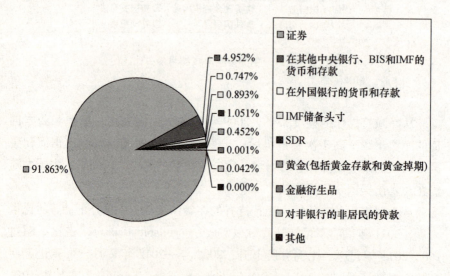

图 4 - 13   2012 年 5 月巴西国际储备构成
说明：相关数据经过四舍五入处理。
资料来源：巴西中央银行。

从巴西央行的统计数据来看，巴西国际储备由证券、在其他中央银行及国际金融机构的存款、在其他外国银行的货币和存款、IMF储备头寸、SDR、黄金、金融衍生品、对非银行的非居民的贷款及其他资产等组成。

截至2012年5月，巴西国际储备中证券资产占91.86%，在其他中央银行、国际清算银行和国际货币基金组织的货币和存款占4.95%，特别提款权占1.05%，持有的国际货币基金组织头寸占0.89%，在其他外国银行的存款占0.75%，包括黄金存款和黄金掉期在内的储备资产占0.45%，其余资产合计不超过0.05%。

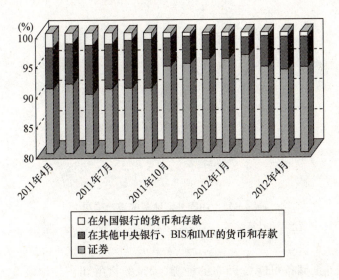

图4-14 巴西外汇储备构成

资料来源：巴西中央银行。

不难发现：巴西外汇储备构成中，证券资产占比在87%—95%之间波动，在其他中央银行及国际金融机构的货币和存款占比在4%—10%之间波动，在其他外国银行的货币和存款占比不超过3%。

四 中国外汇储备资产构成

2002年4月15日，中国正式加入国际货币基金组织"数据公布通用系统"即GDDS（General Data Dissemination System）。尽管此后GDDS只作为中国向IMF报送数据的模板，而未在严格意义上按照其进行数据披露，但GDDS中有关储备数据的说明却仍颇具借鉴价值。

GDDS 中文版有关"数据类别和指标"的说明显示：从类别来看，中国外汇储备包含外币存款、债券、债券回购、同业拆放、外汇掉期、期权等各种外汇资产；储备资产每天按权责发生制进行记录，交易性资产和金融衍生工具则按照公允价值进行重估。

由此可见，中国外汇储备实际上由证券①、货币和存款②以及其他金融工具③三大类资产组成。

假设外汇储备中欧元、日元及其他币种资产结构同美元资产构成相近，那么综合分析 TIC 报告中的存量及流量数据，同时参考巴西外汇储备资产构成，我们认为：

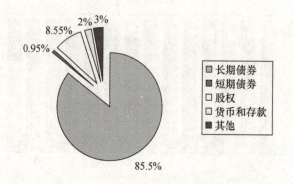

图 4 - 15　中国外汇储备的资产构成

资料来源：作者整理和计算。

中国外汇储备可能由 95% 的证券、2% 的货币和存款以及 3% 的其他金融工具构成。其中，证券资产由 90% 的长期债券（包括国债、政府机构债和公司债）、1% 的短期债券（国债、政府机构债和公司债）以及 9% 的股权资产组成；货币和存款包括存放在其他中央银行、国际清算银行 BIS 和国际货币基金组织 IMF 以及存放于外国银行的资产两部分；其他金融工具包括债券回购、同业拆放、外汇掉期、外汇期权、货币互换及其他金融衍生产品等。

---

① 股票和债券。
② 存放于其他中央银行、国际机构及外国银行。
③ 包括债券回购、同业拆放、外汇掉期、外汇期权、货币互换及其他金融衍生产品等。

第二节　外汇储备资产配置的最佳结构

外汇储备资产结构优化可以归结为两大类问题：一是不同投资工具的选择；二是具体的投资期限结构安排。在投资工具类别选择方面，外汇管理局应当处理好储备资产中债券、股票、外汇、黄金及特别提款权等的比例关系；在投资期限结构安排方面，外汇管理局应当解决好长短期投资工具的配比问题。

一　外汇储备投资在股票及债券上的分配

Aizenman 和 Glick（2010）讨论了储备资产如何在低风险外汇储备 R 和高风险主权财富基金 F 间分配的问题。刘澜飚和张靖佳（2012）使用 Aizenman – Glick 模型和 Stackelberg 模型的基本思想分析了外汇储备中股票和债券的配置问题。

首先，做如下假设：

（1）世界经济由中、美两国组成，两国经济由政府、金融市场及私人部门构成。

（2）从政府部门来看，中国国家外汇管理局利用外汇储备购买美国国债，并在美国金融市场上进行股权投资；同时，中国人民银行持有国内商业银行缴存的法定存款准备金，美国政府利用以国债换取的中国外汇储备向资本市场注入流动性。

从金融市场来看，中国金融市场不发达，为银行主导；美国金融市场发达，为市场主导。从私人部门来看，中国居民储蓄意愿较强，美国居民消费意愿较强。此外，美国对中国进行 FDI。

（3）中美两国的资产均以美元计价。

（4）$t=0$ 时，中国持有外汇储备 W，并向美国举借外债 B，两期后债权到期；除持有对中国债权外，美国的初始资本为 0；$t=1$ 时，中国将外债投入私人部门进行生产，同时利用外汇储备购买美国国债 R，并在美国金融市场上购买股权资产 F，即 $W=R+F$。美国国债收益率为 r_A，股权资产随机收益率为 $r_A+\varepsilon$，其中 ε 代表股权溢价；$t=2$ 时，中国对外资产规模 $W_2=(r_A+\varepsilon)F+r_AR=r_AW+\varepsilon F$。

中国投资于美国国债和股权的外汇储备可以间接转化为美国对中国的

FDI，从而增加实体经济的资金供给。美国对中国进行 FDI 的资金来源有二：一是美国政府将对中国出售国债的部分收入 $\mu \cdot R$ 投入本国金融市场转化而来；二是由中国在美国进行的股权投资的一部分 $\eta \cdot F$ 转化而来。因此，美国可用于进行 FDI 的资金为 $I = \eta F + \mu R$。

$t = 2$ 时，美国向中国还本付息。中国私人部门资本转化为产出，同时对美国支付 FDI 投资收益。

（5）中国以概率 φ 遭遇"资本急停"危机。

遭遇危机时，美国在 $t = 1$ 时停止对中国进行 FDI，并在 $t = 2$ 时向中国索取补偿 P；中国的实际产出为 Y_2^{ss}；在获得对美投资收益并扣除对美补偿后，中国的私人部门将净资产存入银行，银行向央行缴纳存款准备金；中国国内资产为 W_{Cb}^{ss}。

在不发生危机时，中国人民银行的国内资产为 W_{Cb}^{ns}。$t = 1$ 时，外汇管理局确定中国外汇储备对美国国债及股权的投资组合 $\{R, F\}$，美国决定对中国进行 FDI 的投资策略 $\{\eta, \mu\}$。

（6）如果预期 $t = 2$ 时中国不会遭遇"资本急停"危机，则 $t = 1$ 时，美国对中国进行 FDI 的规模为 I，在 $t = 2$ 时获得 $\mathrm{Pro}_A^{ns} = I r_C = (\eta F + \mu R) r_C$ 的投资收益，其中 r_C 代表美国对中国进行 FDI 的投资收益率；在 $t = 2$ 时，中国能够偿付外债 B，美国总资产 $W_{A2}^{ns} = \mathrm{Pro}_A^{ns} + B = (\eta F + \mu R) r_C + B$。在向中国支付外汇储备投资收益之后，美国的净收益为 $W_A^{ns} = W_{A2}^{ns} - [(r_A + \varepsilon) F + r_A R] = W_{A2}^{ns} - (r_A W + \varepsilon F)$。

如果预期 $t = 2$ 时中国发生危机，则 $t = 1$ 时，美国将停止对中国进行 FDI。$t = 2$ 时，中国须向美国支付补偿。设 P 与当期中国国内资产成比例，即 $P = \tau [Y_2^{ss} + (r_A + \varepsilon) F + r_A R] = \tau [Y_2^{ss} + r_A W + \varepsilon F]$，其中 $0 < \tau < 1$。此时，美国总资产为 $W_{A2}^{ss} = \mu R + F + P$，净收益为 $W_A^{ss} = W_{A2}^{ss} - [(r_A + \varepsilon) F + r_A R] = W_{A2}^{ss} - (r_A W + \varepsilon F)$。

假设美国的效用函数为 $U_A(\cdot)$，$t = 1$ 时，美国金融市场投资者的期望效用 V_1^A 为

$$V_1^A = E\left\{ \left[1 - \varphi\left(\frac{W_2^P}{B}\right) \right] U_A\left(W_A^{ns}\right) + \left[\varphi\left(\frac{W_2^P}{B}\right) \right] U_A\left(W_A^{ss}\right) \right\} \tag{4.1}$$

由 Aizenman – Glick 模型可知，$t = 2$ 时中国发生危机的概率 φ 同其持有的国外资产 W_2^P 成反比，与其对外负债 B 成正比；持有更多外国股权将会增加央行资产负债表的脆弱性。

假设生产函数 $Y = F_C(L, K)$ 是一次齐性的，人口 L_C 是外生给定的，中国居民储蓄率为 s，存款准备金率为 m。$t = 1$ 时，中国人民银行对 $t = 2$ 时可能发生的情况进行期望效用最大化：

（1）如果 $t = 2$ 时中国不发生危机，则总产出为 $Y_2^{ns} = F_C(L_C, I + B) = F_C(L_C, \eta F + \mu R + B)$。在获得美国支付的储备投资收益后，中国的总财富为 $W_{C2}^{ns} = (r_A + \varepsilon)F + r_A R + Y_2^{ns} = r_A W + \varepsilon F + Y_2^{ns}$。中国人民银行的国内资产为 $W_{Cb}^{ns} = ms(W_{C2}^{ns} - B) = ms(r_A W + \varepsilon F + Y_2^{ns} - B)$。

（2）如果 $t = 2$ 时发生危机，则中国人民银行的国内资产为 $W_{Cb}^{ss} = ms(r_A W + \varepsilon F + Y_2^{ss})(1 - \tau)$。

综上，$t = 1$ 时中国人民银行的期望效用为

$$V_1^{Cb} = E\left\{\left[1 - \varphi\left(\frac{W_2^P}{B}\right)\right]U_C(W_{Cb}^{ns}) + \left[\varphi\left(\frac{W_2^P}{B}\right)\right]U_C(W_{Cb}^{ss})\right\} \tag{4.2}$$

其中，$U_C(\cdot)$ 代表中国的效用函数。

为寻求 $t = 2$ 时中美两国经济的最优化发展，需要施加如下约束：

约束I：对美国而言，金融市场净收益非负，$W_A^{ns} = W_{A2}^{ns} - [(r_A + \varepsilon)F + r_A R] = W_{A2}^{ns} - (r_A W + \varepsilon F) \geqslant 0$；当中国发生危机时，美国的净收益为 $W_A^{ss} = W_{A2}^{ss} - [(r_A + \varepsilon)F + r_A R] = W_{A2}^{ss} - (r_A W + \varepsilon F) \geqslant 0$。

约束II：对中国而言，在不发生危机时，$t = 2$ 时能够偿还对外负债，$r_A W + \varepsilon F + Y_2^{ns} - B \geqslant 0$；当发生危机时，中国无法按时偿付外债，$r_A W + \varepsilon F + Y_2^{ss} - B < 0$。

在 $t = 1$ 时，对美国金融市场投资者的期望效用最大化等价于在约束I下对效用 V_1^A 进行最优化，

$$\mu = \frac{[\tau(Y_2^{ss} + r_A W + \varepsilon F) + F - (r_A W + \varepsilon F)]}{(W - F)}$$

$$\eta = \frac{\left[\frac{r_A W + \varepsilon F - B}{r_C} - \tau(Y_2^{ss} + r_A W + \varepsilon F) + r_A W + \varepsilon F + F\right]}{F} \tag{4.3}$$

其中，$Y_2^{ss} = F_C(L_C, B)$。

若 $\tau Y_2^{ss} > [(1 - \tau)(r_A + \varepsilon) - 1]W$，则 μ 随着 F 的增加而增大；

若 $\tau Y_2^{ss} < [(1 - \tau)(r_A + \varepsilon) - 1]W$，则 μ 随着 F 的增加而减小；

若 $\tau Y_2^{ss} = [(1 - \tau)(r_A + \varepsilon) - 1]W$，则 F 不影响 μ。

这表明：在一定的条件下，外汇储备在美国的股权投资越多，则转化

为对中国 FDI 的比例越高。

若 $B/r_C + \tau Y_2^{ss} > (1/r_C - \tau + 1)r_A W$，则 η 随着 F 的增加而增大；

若 $B/r_C + \tau Y_2^{ss} < (1/r_C - \tau + 1)r_A W$，则 η 随着 F 的增加而减小；

若 $B/r_C + \tau Y_2^{ss} = (1/r_C - \tau + 1)r_A W$，则 F 不影响 η。

这同样表明：在一定的条件下，外汇储备中股权投资越多，则转化为对中国 FDI 的比例越高。

需要注意的是，"利用外汇储备在美国金融市场上购买股票"这一策略能够在国内金融市场尚不发达时发挥特定的间接进行资源配置的作用，但随着中国经济的发展以及金融市场的逐步完善，从长期来看，一旦股票在外汇储备中的占比超过临界点，那么上述资源配置功能可能会逆转，从而引起美国对中国 FDI 的下降。

据 TIC 报告统计，截至 2011 年 6 月，中国共持有美元资产 1.73 万亿。其中，长期债券 1.3 万亿，短期债券 50 亿[1]，股权投资 1590 亿。按当时中国持有的近 3.2 万亿外汇储备计算，美元资产占比达到了 55%；长期债券占美元总资产的比重达到了 75%，股权投资比例达到了 9.2%。

刘澜飚和张靖佳（2012）对中国外汇储备投资组合的模拟研究认为：2006 年外管局购买美国股票的最佳规模大致应为 2318 亿美元，2007 年却骤降为 56.74 亿美元，2008 年又回升至 2102 亿美元，2009 年则应为 1086 亿美元；2006—2009 年，股权投资占比分别达到了 62.99%、1.14×10^{-6}%、33.79% 和 13.01%。

比较而言，尽管中国外汇储备投资中股权资产的最佳比重趋于下降，但仍高于 TIC 报告中 9.2% 的实际值，外汇储备中的股权投资仍显不足。

二　外汇储备投资在长短期资产上的分配

（一）基本模型

为方便讨论，假设中国外汇储备仅在长短期美国债券上进行资产配置；短期利率服从 Cox - Ingersoll - Ross（CIR）平方根模型。这种范式令波动率与短期利率的平方根成比例，因而不可能出现负利率。$r(t)$ 满足

$$dr(t) = [c_0 - c_1 \cdot r(t)]dt + \sigma \sqrt{r(t)}dz(t) \tag{4.4}$$

其中，c_0、c_1 和 σ 是常数；$z(t)$ 代表标准布朗运动，漂移率为 0，方差率为 1。

---

[1]　分别包括了国债、机构债及公司债等。

根据 Cox、Ingersoll 和 Ross（1985）的研究，一个在 T_1 时刻到期的、到期期限结构（Term to Maturity）为 $t_m = T_1 - t$ 的零息票债券，其价格 $P(t, T_1)$ 可表示为

$$P(t,T_1) = \exp[\alpha(t_m) + b(t_m)r(t)] \qquad (4.5)$$

其中

$$\alpha(t_m) = \frac{2c_0}{\sigma^2}\ln\left[\frac{2c_2\exp\left(\frac{(c_1 + \lambda \cdot \sigma^2 + c_2)t_m}{2}\right)}{(c_1 + \lambda \cdot \sigma^2 + c_2) \cdot [\exp(c_2 \cdot t_m) - 1] + 2c_2}\right]$$

$$b(t_m) = -\frac{2[\exp(c_2 \cdot t_m) - 1]}{(c_1 + \lambda \cdot \sigma^2 + c_2) \cdot [\exp(c_2 \cdot t_m) - 1] + 2c_2}$$

$$c_2 = \sqrt{(c_1 + \lambda \cdot \sigma^2)^2 + 2\sigma^2} \qquad (4.6)$$

其中，λ 是利率风险的价格。

零息票债券价格 $P(t, T_1)$ 在 t 时刻的收益率满足随机微分方程

$$\frac{\mathrm{d}P(t,T_1)}{P(t,T_1)} = [1 + b(t_m)\lambda \cdot \sigma^2]r(t)\mathrm{d}t + b(t_m)\sigma\sqrt{r(t)}\mathrm{d}z(t) \qquad (4.7)$$

零息票债券的风险溢价 $b(t_m)\lambda\sigma^2 r(t)$ 随时间变化：一方面，时间 t 的变化会引起 $b(t_m)$ 的变化；另一方面，$r(t)$ 是时间 t 的函数，当然会随着 t 的变化而变化，这些都将导致风险溢价的变化。

由于外汇管理局是风险厌恶的投资者，假定其拥有定义在期末财富上的幂效用函数

$$U(W) = \frac{W^{1-\gamma}}{1-\gamma} \qquad (4.8)$$

其中，γ 代表投资者的风险厌恶系数。

外汇管理局在一个期限为 t_m 的长期美国国债和一个短期美国国债上配置资产。在 t 时刻投资于长期债券的比例为 $\omega(t)$，则投资于短期债券的比例为 $1 - \omega(t)$，那么储备资产价值动态可以表示为

$$\mathrm{d}W(t) = [1 - \omega(t)]W(t)r(t)\mathrm{d}t + \omega(t)W(t)\frac{\mathrm{d}P(t,T_1)}{P(t,T_1)} \qquad (4.9)$$

于是，外汇管理局面临的基本问题是如何在式（4.9）的约束下最大化其期终效用

$$\max_{\omega(t)}E_t\left[\frac{W(T)^{1-\gamma}}{1-\gamma}\right] \qquad (4.10)$$

（二）模型求解

令 $\tau = T - t$ 代表 t 时刻投资组合的到期期限结构，$\omega^*(W, r, \tau)$ 代表最优投资比例，$J(W, r, \tau)$ 代表最优期望效用。参考 Merton（1990）的研究，通过标准的动态规划方法可以获得最优化的一阶和二阶条件。

$$\max_{\omega(t)} \left\{ \begin{aligned} & J_t + J_W W[1 + \omega b(t_m)\lambda\sigma^2]r + \frac{1}{2}J_{WW}W^2\omega^2 b(t_m)^2\sigma^2 r \\ & + J_r(c_0 - c_1 \cdot r) + \frac{1}{2}J_{rr}\sigma^2 r + J_{Wr}W\omega b(t_m)\sigma^2 r \end{aligned} \right\} = 0 \quad (4.11)$$

对 $\omega(t)$ 求导得

$$J_W W b(t_m)\lambda\sigma^2 r + J_{WW}W^2\omega b^2\sigma^2 r + J_{Wr}W b(t_m)\sigma^2 r = 0 \quad (4.12)$$

则，由一阶条件可得

$$\omega^*(t) = \left(\frac{-J_W}{J_{WW}W}\right)\frac{\lambda}{b(t_m)} + \left(\frac{-J_{Wr}}{J_{WW}W}\right)\frac{1}{b} \quad (4.13)$$

将其代入式（4.11）得

$$J_t + J_W W r - \frac{J_W^2\lambda^2\sigma^2 r}{2J_{WW}} - \frac{J_{Wr}^2\sigma^2 r}{2J_{WW}} + J_r(c_0 - c_1 r) + \frac{J_{rr}\sigma^2 r}{2} - \frac{J_{Wr}J_W\lambda b(t_m)\sigma^2 r}{J_{WW}} = 0$$

$$(4.14)$$

终结条件为

$$J(W, r, 0) = U(W) \quad (4.15)$$

最大化的二阶条件为 $J_{WW} < 0$。

为获得最优化的解析解，参考聂溱、李金林和任飞（2007）的研究，首先猜测最优解的形式为

$$J(W, r, \tau) = \Phi(r, \tau)U(W)$$

$$\Phi(r, \tau) = \exp[A(\tau) + B(\tau)r] \quad (4.16)$$

这种形式的解自动满足终结条件和最大化的二阶条件。

将猜测的解代入式（4.13）可得最优投资比例

$$\omega^*(t) = \frac{\lambda + B(\tau)}{\gamma b(t_m)} \quad (4.17)$$

进一步将式（4.16）和式（4.17）代入偏微分方程（4.14），整理得一个关于 $r(t)$ 的一元一次方程。$r(t)$ 的系数和常数项必须同时等于 0，因而得到了两个非线性常微分方程

$$\frac{dB(\tau)}{d\tau} = c_3 B(\tau) + \frac{\sigma^2}{2\gamma}B(\tau)^2 + c_4$$

$$\frac{dA(\tau)}{d\tau} = B(\tau)c_0 \tag{4.18}$$

其中

$$c_3 = \frac{(1-\gamma)\lambda\sigma^2}{\gamma} - c_1$$

$$c_4 = 1 - \gamma + \frac{(1-\gamma)\lambda\sigma^2}{2\gamma} \tag{4.19}$$

结合初始条件 $A(0) = B(0) = 0$，可得

$$A(\tau)\frac{\gamma^2 c_0}{c_4\sigma^2}\left\{\frac{\theta - c_3}{2}\tau + \ln\left[\frac{2\theta}{(\theta - c_3)(e^{\theta\tau} - 1) + 2\theta}\right]\right\}$$

$$B(\tau) = \frac{2c_4(e^{\theta\tau} - 1)}{(\theta - c_3)(e^{\theta\tau} - 1) + 2\theta}$$

$$\theta = \sqrt{c_3^2 - \frac{2c_4\sigma^2}{\gamma}} \tag{4.20}$$

外汇储备在长期美国国债上的最优投资比例为

$$\omega^*(t) = \frac{\lambda + B(\tau)}{\gamma b(t_m)} \tag{4.21}$$

由式 (4.21) 可知，外汇储备在长期美国国债上的投资比例 $\omega(t)$ 和当前利率 $r(t)$ 无关。这说明，对于债券投资不存在市场时机的选择。

与此同时，聂溦、李金林和任飞（2007）发现，投资者的风险厌恶程度越大、投资期限越长，其在长期债券上的投资比例就越大。

表 4 -1　　　　　　　　　　长期债券配置比例

投资期限	1 年	2 年	3 年	5 年	10 年	20 年
风险厌恶程度 $\gamma = 5$						
5 年期债券	0.2547	0.4434	0.5977	0.8259	1.1118	1.2454
10 年期债券	0.1883	0.3278	0.4419	0.6107	0.8220	0.9208
20 年期债券	0.1683	0.2930	0.3949	0.5457	0.7347	0.8229
风险厌恶程度 $\gamma = 10$						
5 年期债券	0.2712	0.4834	0.6568	0.9131	1.2325	1.3800
10 年期债券	0.2005	0.3574	0.4856	0.6751	0.9113	1.0203
20 年期债券	0.1792	0.3194	0.4340	0.6033	0.8144	0.9118

续表

投资期限	1 年	2 年	3 年	5 年	10 年	20 年
风险厌恶程度 $\gamma = 10$						
5 年期债券	0.2794	0.5034	0.6864	0.9566	1.2926	1.4468
10 年期债券	0.2066	0.3722	0.5075	0.7072	0.9557	1.0697
20 年期债券	0.1846	0.3326	0.4535	0.6320	0.8541	0.9560

资料来源：聂濮、李金林和任飞（2007）。

从储备管理角度考虑，外汇储备投资应以安全性和流动性为主，储备管理机构的风险厌恶程度往往较高；同时，在管理过程中，货币当局通常并不为储备投资设定具体的到期结构，因而外汇储备的投资期限往往较长①。上述两点可能解释了为什么中国外汇储备对长期美国债券的投资比例接近其在美国债券总投资的90%。

第三节　中国外汇储备资产结构优化的方向

从各国的具体实践来看，储备管理者在资产组合分配时往往青睐安全资产，将安全性置于流动性和收益性之前；对短期安全性施以风险溢价，以满足同支付平衡和其他金融稳定之考虑相联系的短期或有负债需求。因而，从储备管理者角度考虑，流动性和低风险是投资决策的重要考量，正如"储备资产必须随时可以出售而不至于引起价值贬损"的基本要求一样。

最新发布的 IMF 全球金融稳定报告（Global Financial Stability Report 2012）显示，过去十年，储备资产管理者对安全资产需求的兴起同全球外汇储备的可观累积相联系。全球官方储备从 2001 年末的 2.2 万亿美元增长到 2011 年 10 月末的 10.8 万亿美元；中国外汇储备增长超过 15 倍，从 0.2 万亿增至 3.3 万亿美元。这一快速累积过程部分联系着预警储蓄动机和亚洲金融危机后的高风险规避特征。

储备管理者的安全资产投资采取了政府债券、在其他中央银行和国际

---

① 理论上趋于无穷。

机构的存款以及黄金等形式。债券组合①基本上由政府债券组成，截至 2011 年 10 月末大约为 7 万亿美元。作为储备的一部分，2008 年以前，银行存款稳步增加；金融危机的出现改变了对安全性的认知，银行存款因而显著下降。危机期间，出于安全性考虑，储备管理者大约从银行部门提取了 0.5 万亿存款及其他投资。自次贷危机起，储备管理者还从黄金的净卖出者转变为净买入者。在 2011 年 10 月底，官方部门大约持有了实体黄金的 22%。

从中期来看，储备管理者对主权债务的需求——即便不会增长——可能仍将持续。2012 年，全球官方储备预计上升 11.3%，到 2016 年将会增加 61%。这无疑显示了对主权债务更高的潜在需求——即使其在储备资产组合中的占比是下降的。然而，随着外汇储备累积超过支付平衡需求及实施货币政策需要，持有大规模外汇储备的管理者（如中国国家外汇管理局）将不得不考虑从政府债券投资上分散出部分资产。

表 4 – 2　　　　　　　　　外汇储备资产配置的目标和原则

	目标	原则
总体规模	基于金融安全和国家利益原则的保值增值目标	保值增值原则；金融安全与国家利益兼顾；币种结构选择与资产结构优化各有侧重、动态协调
适度外汇储备资产	基于金融安全原则的保值为主、增值为辅的目标	金融安全为主、国家利益为辅的原则；保值为主、增值为辅的原则；稳健管理为主、积极管理为辅的原则；安全性、流动性为主、收益性为辅的原则；币种结构选择为主、资产结构优化为辅的原则
超额外汇储备资产	基于国家利益原则的增值为主、保值为辅的原则	国家利益为主、金融安全为辅的原则；追求收益最大化的原则；积极管理为主、稳健管理为辅的原则；收益性为主、安全性流动性为辅的原则；资产结构优化为主、币种结构选择为辅的原则

资料来源：陈伟忠和罗素梅（2012）。

全球金融危机后，对外汇储备进行"分档"管理可能成为潮流。从外汇储备资产配置的目标和原则来看，必要（适度）储备和超额储备的

————————

① 约为 64% 的总储备。

管理显然要有所区别。

　　在必要储备管理方面，相对安全的国债市场仍将是资产配置的重点。从 TIC 报告披露的数据来看，中国国家外汇管理局很可能将绝大部分外汇储备投资在了长期美国国债和机构债上。由于必要储备管理以安全性为主，风险厌恶程度较高，大量配置长期债券无可厚非。全球金融危机后，世界经济前景暗淡，避险需求持续高涨。在美元资产替代物有限的情况下，对必要储备进行管理时，外汇管理局应当继续维持主要投资长期美国国债的一贯模式。

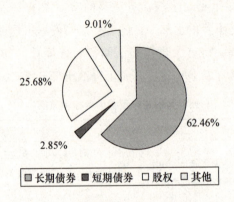

9.01%

25.68%

2.85%

62.46%

长期债券　短期债券　股权　其他

图 4－16　中国超额外汇储备的资产构成

资料来源：作者计算。

　　在超额储备管理方面，应当寻求更大的投资收益。由于有关外汇储备投资具体情况的信息并不公开，外汇管理局内部是否对 3 万亿外汇储备进行了"必要储备"和"超额储备"的划分，不得而知。结合第二章有关中国外汇储备适度规模的探讨，若按照 2 万亿必要储备（由货币或存款以及长期债券组成）和 1 万亿超额储备（由长期债券、短期债券、股权及其他资产组成）计算，超额外汇储备中长期债券占 62.46%，短期债券占 2.85%，股权类资产占 25.68%，其他资产占 9.01%。外汇管理局对超额储备的管理显然更加积极主动。

　　综上，外汇管理局应当对外汇储备进行"分档"管理。在未找到美国国债的有效替代物之前，应当继续维持现行投资模式，并积极进行资产多样化尝试。

本章小结

除规模调整和币种结构优化外，外汇储备管理还应当处理好资产配置及其期限结构安排等问题。

首先，本章结合国际货币基金组织 GDDS 模板、中国国际投资头寸表、美国财政部 TIC 报告，并参考巴西外汇储备构成，对中国国际储备、外汇储备的资产分布和期限结构安排进行了分析。研究发现：中国国际储备的 97.74% 为外汇储备，1.63% 为黄金储备，0.36% 为特别提款权，0.27% 为在基金组织中的头寸；外汇储备可能由 95% 的证券、2% 的货币和存款以及 3% 的其他金融工具构成，其中证券资产由 90% 的长期债券（包括国债、政府机构债和公司债）、1% 的短期债券（包括国债、政府机构债和公司债）以及 9% 的股权资产组成；货币和存款包括存放在其他中央银行、国际清算银行 BIS 和国际货币基金组织 IMF 以及存放于外国银行的资产两部分；其他金融工具包括债券回购、同业拆放、外汇掉期、外汇期权、货币互换及其他金融衍生产品等。

其次，本章借助 Aizenman – Glick 模型和 Stackelberg 模型的基本思想以及 CIR 平方根模型分析了外汇储备投资在股票和债券以及在长短期债券上的资产配置问题。分析表明，中国外汇储备中的股权投资仍显不足；外汇储备对美国国债的投资不存在市场择时问题。

最后，本章还探讨了外汇储备投资优化问题。为提高中国外汇储备投资效益，应当对外汇储备进行"分档"管理。在资产配置的目标和原则上，必要储备和超额储备的管理要有所区别：在美元资产替代物有限的情况下，外汇管理局对必要储备的管理应当继续维持主要投资长期美国国债的一贯模式；尽管对超额储备的管理更加积极主动、分散程度更高，但在超额储备管理方面，外汇管理局应当继续寻求更大的投资收益。

第五章 中国外汇储备与外债协同优化

外汇储备是一种国家资产。前述几章着重从资产角度分析了外汇储备的投资管理问题。然而，如果将研究视野扩展到国家资产负债管理领域，需要考虑的问题便大不相同。对一国而言，偿付外债是必须在规定时间对外支付现金流的行为。充足的偿债能力及良好的偿债记录，对维护良好的国家信用、维持有利的外部融资条件和发展环境、避免外部经济动荡引发国内经济危机等具有重要意义。对一国而言，对外资产必须能够产生足够的现金流以履行承诺的按时偿付义务，因此不仅需要关注负债的金额，同时也要关注负债的偿付时间。

Romanyuk（2010）将资产负债管理划分成四大类别：单期静态模型（Single – period Static Model）、单期随机模型（Single – period Stochastic Model）、多期静态模型（Multiperiod Static Model）以及多期随机模型（Multiperiod Stochastic Model）。单期静态模型对目前静态利率或者汇率的较小变化进行套保，包括免疫、盈余管理等操作策略。单期随机模型仅关注一个投资期限末的不确定性问题，经典的均值—方差分析就是典型的单期随机模型。尽管理论上颇具价值，但多期静态模型的条件对实际应用来说过于严格：其通常依赖于风险测度变量以及特定行业的风险矩阵；一旦缺少了风险元素，模型的应用价值就十分有限。多期随机模型允许资产和负债以某一概率随时间演变，随机规划、最优控制、决策规则以及情景模拟是多期随机模型的重要分析工具。

第一节 对外汇储备和外债进行协同优化的必要性

依《中华人民共和国外汇管理条例》第十条之规定：国务院外汇管理部门依法持有、管理、经营国家外汇储备，遵循安全、流动、增值的原则。

可见，在满足了安全性和流动性要求以后，外汇储备应当遵循增值原则进行管理。对一国整体而言，当流动性需求不那么强烈时，可能更加适宜进行资产负债管理。从这一角度考虑，实际上可以将中国视为一个金融机构，将外汇管理局视为金融机构内部的具体投资部门。

金融机构管理普遍具有两个目标：一是从投入的资金中赚取足够的收益；二是确保资产相对负债具有适当盈余。为实现这两个目标而进行的资金运营管理即为资产负债管理（Asset – Liability Management）或称盈余管理（Surplus Management）。资产负债管理需要对以下两方面问题进行权衡：一是控制盈余下降的风险；二是承担必要的风险以便从投入的资金中赚取足够的收益。在风险控制方面，管理者必须同时考虑资产和负债的风险。在资产负债管理过程中，可能需要计算三类盈余：经济盈余、会计盈余和监管盈余。对中国外汇储备管理而言，经济盈余可能是储备管理关注的核心概念。

经济盈余（Economic Surplus）是所有资产的市场价值与所有负债的市场价值之差，即经济盈余 = 资产的市场价值 – 负债的市场价值。那么，什么是负债的市场价值呢？简言之，负债的市场价值就是将负债按适当的利率进行贴现所得到的现值。由于使用了贴现率，因而利率上升将会降低负债的现值（即市场价值），利率下降将会增加负债的现值。因此，经济盈余可以表示为：经济盈余 = 资产的市场价值 – 负债的现值。

那么，为什么要对中国外汇储备和外债进行协同管理呢？让我们以投资组合中只包含债券的金融机构为例来说明这一问题。首先，考察利率上升将会对经济盈余产生什么样的影响。利率上升不仅将导致债券价值下降，同时也将导致负债价值下降。由于资产与负债价值同时下降，因此经济盈余可能上升，也可能下降，甚至保持不变。利率变化的净影响取决于资产相对负债的利率敏感性。久期（Duration）是衡量现金流对利率变动反应程度的指标，不仅可以计算资产的久期，同样可以用来计算负债的久期。于是，负债久期便衡量了负债对利率变动的敏感性。

假定资产的市场价值为 1 亿美元，负债的现值为 9000 万美元，于是经济盈余为 1000 万美元。若资产久期为 5，负债久期为 3，在如下两种情况下：

情景Ⅰ：利率下降 100 个基点。由于资产久期为 5，资产的市场价值将增加约 5%，即 500 万美元，至 1.05 亿美元。同时，负债的市场价值也会增加。由于负债久期为 3，那么负债的现值将增加 270 万美元，至 9270 万美元。因此，经济盈余将从 1000 万美元增至 1230 万美元。

情景Ⅱ：利率上升 100 个基点。由于资产久期为 5，资产的市场价值将下降约 5%，至 9500 万美元。同时，负债的市场价值也会下降。由于负债久期为 3，那么负债的现值将降低 270 万美元，至 8730 万美元。因此，经济盈余将从 1000 万美元降至 770 万美元。

由此可见，如果资产久期大于负债久期，那么当利率下降时，经济盈余就会增加。经济盈余的净影响取决于资产和负债的久期（或利率敏感性），因此资产管理者必须能够准确地衡量所有资产和负债的利率敏感性。

次贷危机后，为刺激经济增长，美联储相继推出了三轮量化宽松（Quantitative Easing）政策，并同时采取扭曲操作（Operation Twist）将长期利率维持在较低水平。2012 年 12 月 12 日，美联储更推出了 QE4 以便取代行将到期的扭曲操作。不管未来量化宽松政策是否真的被"常态化"，美国货币政策对实体经济的影响正变得越来越有限。无论是否陷入"流动性陷阱"，如果美国"财政悬崖"（Fiscal Cliff）问题不能得到很好解决，美联储都仍将维持低利率政策不变。一旦实体经济出现复苏迹象，利率随之走高，美国国债价值必将随之下跌，继而影响中国外汇储备投资的市场价值。届时，中国国家资产负债表的资方价值收缩幅度将可能超过负债方价值的变动，从而显著影响中国经济的走向。此外，中国外汇储备在深陷主权债务危机的欧元区的投资也面临着同样的困境。因而，从国家战略角度考虑，对外汇储备和外债进行协同优化是关系到中国经济稳定发展的一项重要战略任务。

第二节　中国对外债务结构

总的说来，1985—2011 年，中国对外债务呈上升趋势。2001 年，中国按照国际标准对原外债口径进行了调整；2001 年以后对外债务增速明显高于 2000 年之前。中国对外债务率呈"先升后降"态势：1993 年之前，债务率逐级攀升，最高达到96.55%；1994—2008年，债务率趋于下降，最低时仅为24.67%；2009年以后，债务率又转降为升。截至2011年末，中国对外债务率为33.31%（见图5-1）。

图5-1　外债总体情况

资料来源：国家外汇管理局。

从外债变化情况来看，1985—2000年，中国外债余额增速逐年下降；2001—2011年，外债余额年增长变化波动较大。2011年末，外债余额较2010年增加了26.61%（见图5-2）。

图5-2　外债变化情况

资料来源：国家外汇管理局。

　　从资产负债关系来看，1988 年之前，中国外债余额对外汇储备的比例趋于上升；此后，随着外汇储备的不断累积，这一比例稳步下降。1997年，外汇储备规模首次超越外债余额。次贷危机后，中国外债余额对外汇储备的比例稳定在 20% 左右的水平上。1985—1994 年，对外负债率持续上升，最高时达到了 16.60%；次贷危机后，中国负债率稳定在 10% 以下（见图 5 - 3）。

图 5 - 3　资产负债关系

资料来源：国家外汇管理局。

图 5 - 4　外债偿付情况

资料来源：国家外汇管理局。

　　从外债流动情况来看，大部分时间内，中国对外债务呈净流入态势，2011 年外债净流入 908 亿美元；1999—2002 年，对外债务呈净流出状态。2003 年以后，偿债率稳定在 4% 以下；2010 年以来，中国偿债率低于 2%（见图 5-4）。

　　从偿付期限构成来看，2000 年以前，中国举借的外债以中长期负债为主；2000 年以后，短期外债占比持续上升。2011 年，短期外债占外债余额的比例达到了 72.07%（见图 5-5）

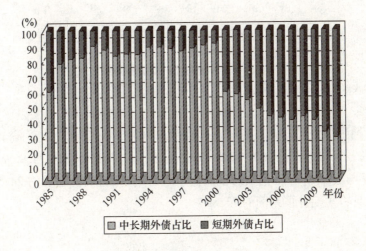

图 5-5　外债结构变化

资料来源：国家外汇管理局。

　　从外债期限结构与外汇储备的关系来看，2000 年之前，短期外债和中长期外债与外汇储备的比例均趋于下降；2000 年以后，尽管外债统计口径有所变化，短期外债与外汇储备的比例仍有所上升；次贷危机后，中国短期外债与外汇储备的比例稳定在 15% 左右的水平上，长期外债与外汇储备的比例稳定在 10% 以下（见图 5-6）。

　　截至 2012 年 6 月末，中国外债余额为 7851.72 亿美元[1]。其中，登记外债余额为 4950.72 亿美元，企业间贸易信贷余额为 2901 亿美元。

---

① 不包括香港特别行政区、澳门特别行政区和台湾地区对外负债，下同。

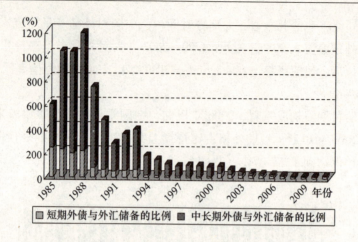

图 5 - 6 外债与外汇储备的关系

资料来源：国家外汇管理局。

从期限结构看，中长期外债①余额为 1969.50 亿美元，占外债余额的 25.08%；短期外债余额为 5882.22 亿美元，占外债余额的 74.92%（见图 5 -7）。其中：企业间贸易信贷占 49.32%，银行贸易融资占 24.57%，二者合计占短期外债余额的 73.89%。

图 5 - 7 2012 年 6 月末中国外债期限结构

资料来源：国家外汇管理局。

从债务人类型看，登记外债余额中，中资金融机构债务余额为 2532.15 亿美元，占 51.15%；外商投资企业债务余额为 1415.40 亿美元，

---

① 指剩余期限，下同。

占 28.59%；外资金融机构债务余额为 572.84 亿美元，占 11.57%；国务院部委借入的主权债务、中资企业债务及其他机构债务余额合计 430.33 亿美元，占 8.69%（见图 5-8）。

从债务类型看，登记外债余额中，国际商业贷款余额为 4285.75 亿美元，占 86.57%，较上年同期上升 3.5 个百分点；外国政府贷款和国际金融组织贷款余额为 664.97 亿美元，占 13.43%。

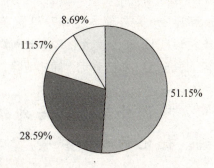

图 5-8　2012 年 6 月末中国外债债务人类型结构

资料来源：国家外汇管理局。

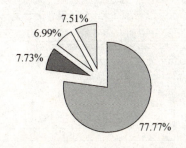

图 5-9　2012 年 6 月末中国外债币种构成

资料来源：国家外汇管理局。

从币种结构看，登记外债余额中，美元债务占 77.77%，较上年同期下降0.5个百分点；欧元债务占7.51%，较去年同期上升3.42个百分点；日元债务占6.99%，较去年同期下降1个百分点；其他债务①合计占7.73%，较去年同期下降1.92个百分点（见图5-9）。

从投向来看，按照国民经济行业分类标准，登记中长期外债②主要投向制造业，交通运输、仓储和邮政业，以及电力、煤气及水的生产和供应业等，占比分别达到了23.67%、13.31%和6.90%。

2012年上半年，中国新借入中长期外债212.55亿美元，较上年同期增加16.76亿美元；偿还中长期外债本金147.79亿美元，较上年同期增加33.67亿美元；支付利息11.98亿美元，较上年同期增加0.91亿美元。中长期外债项下净流入资金52.78亿美元，同比下降25.24%。

第三节　中国外汇储备与外债协同优化的初步探索

过去，无论对金融机构还是主权国家，平衡表的两端通常是相互分离的，然而当资产和负债面对共同的风险因素时，同时考察二者往往更具优势。从中国国际投资头寸表来看，2003年以后，对外净头寸实现了跨越式发展（见图5-10）。

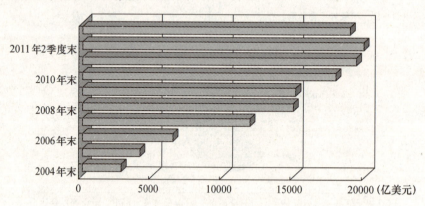

图5-10　中国对外净头寸

资料来源：中国国际投资头寸表。

---

① 包括SDR、港币等。
② 指签约期限。

2010 年以来，中国对外净头寸保持在 1.9 万亿美元水平上，对外资产规模显著高于对外负债。这意味着，利率的微小变化将对中国国际投资头寸表的资方产生更大影响。负债融资策略（Liability‑driven Strategy）可以为中国外汇储备投资规避利率风险提供一定帮助和指导。

免疫（Immunization）策略，是典型的单期静态资产负债管理方法。F. M. Reddington（1952）将免疫策略定义为"使现有的业务免受一般性利率波动影响的投资方式"。自 20 世纪中叶提出以来，免疫策略被广泛应用于固定收益证券的组合管理过程中。尽管翔实的外汇储备投资数据并未对外披露，但较为一致的观点认为：中国外汇储备投资绝大部分集中于美国国债市场。这无疑为在中国外汇储备管理过程中推行免疫策略奠定了现实基础。

本书将首先对用以满足单笔对外偿付需要的中国外汇储备投资组合免疫策略展开讨论，继而对其进行扩展。

一　用以满足单笔外债偿付需求的外汇储备投资策略

（一）免疫策略

为理解投资组合免疫策略的基本原理，我们以一家出售担保投资产品的金融机构为例，分析规避利率风险的组合管理策略，并在此基础上探索中国外汇储备与外债的协同优化问题。

假设金融机构出售了一份 5.5 年（11 个 6 个月期）的担保投资合同[①]，并承诺每 6 个月 6.25% 支付利息；合同对手方为此支付了 8820262 美元。那么，从现在开始的 5.5 年后，金融机构须向合同对手方支付的金额为 $8820262 \times (1.0625)^{11} = 17183033$ 美元。这表明，如果金融机构将合同收入的 8820262 美元用于投资，那么投资目标应是使 5.5 年后的资产累计价值达到或者超过 17183033 美元[②]。

假设金融机构购买了 5.5 年后到期、到期收益率为 12.5%、面值为 8820262 美元的债券，那么这能否确保实现 17183033 美元的目标累计价值（或 12.5% 的目标收益率）呢？

---

① 担保投资合同规定：金融机构必须在约定的未来日期向合同对手方一次性支付规定金额的款项，或者按照规定的收益率进行支付。

② 即，相当于实现至少 12.5% 的等值收益率。

表 5 -1   持有息票利率为 12.5％、收益率为 12.5％的 5.5 年
期债券 5.5 年后的累计价值和总收益率

新收益率 （％）	息票利息 （美元）	利息的利息 （美元）	债券价格 （美元）	累计价值 （美元）	总收益率 （％）
16.0	6063930	3112167	8820262	17996360	13.40
15.5	6063930	2990716	8820262	17874908	13.26
14.5	6063930	2753177	8820262	17637369	13.00
14.0	6063930	2647037	8820262	17521230	12.88
13.5	6063930	2522618	8820262	17406810	12.75
13.0	6063930	2409984	8820262	17294086	12.62
12.5	6063930	2298840	8820262	17183033	12.50
12.0	6063930	2189433	8820262	17073625	12.38
11.5	6063930	2081648	8820262	16965840	12.25
11.0	6063930	1975462	8820262	16859654	12.13
10.5	6063930	1870852	8820262	16755044	12.01
10.0	6063930	1767794	8820262	16651986	11.89
9.5	6063930	1666266	8820262	16550458	11.78
9.0	6063930	1566246	8820262	16450438	11.66
8.5	6063930	1467712	8820262	16351904	11.54
8.0	6063930	1370642	8820262	16254834	11.43
7.5	6063930	1275014	8820262	16159206	11.32
7.0	6063930	1180808	8820262	16065000	11.20
6.5	6063930	1088003	8820262	15972195	11.09
6.0	6063930	996577	8820262	15880769	10.98
5.5	6063930	906511	8820262	15790703	10.87
5.0	6063930	817785	8820262	15701977	10.77

说明：投资期：5.5 年；息票利率：0.125；期限：5.5 年；到期收益率：0.125；价格：100；购买时面值：8820262 美元；购买价格：8820262 美元；目标累计价值：17183033 美元；债券价格，指到期价值。

资料来源：Frank J. Fabozzi（2012），下同。

表 5 - 1 中第一列显示了新的收益率水平；第二列显示了息票利息支付总额；第三列显示了将息票利息按照第一列所示的新收益率进行再投资时在整个 5.5 年内产生的利息的利息；第五列显示了息票利息、利息的利

息和债券价格的累计价值；最后一列显示了由式（5.1）根据债券等值收益率计算的总收益率。

$$总收益率 = 2 \times \left[\left(\frac{累计价值}{8820262\ 美元} \right)^{\frac{1}{11}} - 1 \right] \tag{5.1}$$

不难发现，如果息票利息能够按照每 6 个月 6.25% 的收益率进行再投资，那么就能够实现 12.5% 的目标收益率。但是，如果在将 8820262 美元资金投资于息票利率为 12.5%、期限为 5.5 年的债券之后，市场收益率立即发生了变化并在今后 5.5 年内维持变动后的新收益率水平不变，那么实际情况则可能变得大不相同。

显然，如果金融机构能够按照固定不变的 12.5% 的年化收益率对息票利息进行再投资，就能够实现目标累计价值；如果市场收益率上升，息票利息就可以按高于初始到期收益率的收益率进行再投资，那么实际累计价值（或总收益率）将高于目标累计价值（或目标收益率）；如果市场收益率下降，那么实际累计价值则会低于目标累计价值。因此，投资于到期收益率等于目标收益率，且期限等于投资期的附息债券并不能确保实现目标累计价值。

如果金融机构不是投资于 5.5 年期的债券，而是投资于息票利率为 12.5%、按票面价值出售且收益率为 12.5% 的 15 年期债券，情况又将如何呢？

表 5-2　　持有息票利率为 12.5%、收益率为 12.5% 的 15 年期
债券 5.5 年后的累计价值和总收益率

新收益率 （%）	息票利息 （美元）	利息的利息 （美元）	债券价格 （美元）	累计价值 （美元）	总收益率 （%）
16.0	6063930	3112167	7337902	16513999	11.73
15.5	6063930	2990716	7526488	16581134	11.81
14.5	6063930	2753177	7925481	16742588	11.20
14.0	6063930	2647037	8136542	16837509	12.11
13.5	6063930	2522618	8355777	16942325	12.23
13.0	6063930	2409984	8583555	17057379	12.36
12.5	6063930	2298840	8820262	17183032	12.50
12.0	6063930	2189433	9066306	17319699	12.65

新收益率 （%）	息票利息 （美元）	利息的利息 （美元）	债券价格 （美元）	累计价值 （美元）	总收益率 （%）
11.5	6063930	2081648	9322113	17467691	12.82
11.0	6063930	1975462	9588131	17627523	12.99
10.5	6063930	1870852	9864831	17799613	13.18
10.0	6063930	1767794	10152708	17984432	13.38
9.5	6063930	1666266	10452281	18182477	13.59
9.0	6063930	1566246	10764095	18394271	13.82
8.5	6063930	1467712	11088723	18620365	14.06
8.0	6063930	1370642	11462770	18897342	14.31
7.5	6063930	1275014	11778867	19117811	14.57
7.0	6063930	1180808	12145682	19390420	14.85
6.5	6063930	1088003	12527914	19679847	15.14
6.0	6063930	996577	12926301	19986808	15.44
5.5	6063930	906511	13341617	20312058	15.76
5.0	6063930	817785	13774677	20656392	16.09

说明：投资期：5.5 年；息票利率：0.125；期限：15 年；到期收益率：0.125；价格：100；购买时面值：8820262 美元；购买价格：8820262 美元；目标累计价值：17183033 美元；债券价格，指到期价值。

表 5 - 2 中第一列和第四列分别显示了市场收益率和息票利率为 12.5%、期限为 9.5 年的债券的市场价格。

假设市场收益率上升 200 个基点，那么利息的利息将增加 454336 美元，但同时债券的市场价值将下降 894781 美元。因此，利率变动的净结果是实际累计价值将比目标累计价值低 440445 美元；反之则反是。这表明，如果市场收益率升高，那么投资组合就无法实现目标累计价值；如果市场收益率下降，那么累计价值将超过目标累计价值。

表5-3　持有息票利率为12.5%、收益率为12.5%的15年期债券
5.5年后，债券利息的利息的变动和债券价格的变动

新收益率（%）	利息的利息的变动（美元）	债券价格的变动（美元）	累计价值的总变动（美元）
16.0	813327	-1482360	-669033
15.5	692875	-1293774	-600899
14.5	454336	-894781	-440445
14.0	338197	-683720	-345523
13.5	223778	-464485	-240707
13.0	111054	-236707	-125653
12.5	0	0	0
12.0	-109407	246044	136637
11.5	-217192	501851	284659
11.0	-323378	767869	444491
10.5	-427989	1044569	616580
10.0	-531046	1332446	801400
9.5	-632574	1632019	999445
9.0	-732594	1943833	1211239
8.5	-831128	2268461	1437333
8.0	-928198	2606508	1678310
7.5	-1023826	2958605	1934779
7.0	-1118032	3325420	2207388
6.5	-1210838	3707652	2496814
6.0	-1302263	4106039	2803776
5.5	-1392329	4521355	3129026
5.0	-1481055	4954415	3473360

　　表5-3清晰呈现了累计价值如何随收益率变化而变化。利率风险与再投资风险之间存在着某种权衡关系。只有当市场收益率不上升时，15年期债券的目标累计价值才能够得以实现。

　　上述分析表明，无论是购买存续期与投资期限相同，还是存续期大于投资期限的债券，都不能保证金融机构实现目标累计价值。那么，购买存续期限短于投资期限的短期债券的情况又将如何呢？

表 5 - 4　　　　　持有息票利率为 **12.5%**、收益率为 **12.5%** 的
6 个月期债券的累计价值和总收益率

新收益率 （%）	6 个月后（美元）	累计价值（美元）	总收益率 （%）
16.0	9371528	20232427	15.68
15.5	9371528	19768932	15.23
14.5	9371528	18870501	14.32
14.0	9371528	18435215	13.86
13.5	9371528	18008986	13.41
13.0	9371528	17591647	12.95
12.5	9371528	17183033	12.50
12.0	9371528	16782980	12.05
11.5	9371528	16391330	11.59
11.0	9371528	16007924	11.14
10.5	9371528	15632609	10.68
10.0	9371528	15265232	10.23
9.5	9371528	14905644	9.77
9.0	9371528	14553697	9.32
8.5	9371528	14209247	8.86
8.0	9371528	13872151	8.41
7.5	9371528	13542270	7.95
7.0	9371528	13219466	7.49
6.5	9371528	12903604	7.04
6.0	9371528	12594550	6.58
5.5	9371528	12292175	6.13
5.0	9371528	11996349	5.67

说明：投资期：5.5 年；息票利率：0.125；期限：6 个月；到期收益率：0.125；价格：100；购买时面值：8820262 美元；购买价格：8820262 美元；目标累计价值：17183033 美元；债券价格，指到期价值。

表 5 - 4 的第二列显示了 6 个月以后的累计价值，第三列显示了按式 (5.2) 计算的、将 6 个月后的累计价值在今后 5.5 年内按第一列所示的收益率进行再投资所得到的累计价值。

$$累计价值 = 9371528 \times \left(1 + \frac{新收益率}{2}\right)^{10} \qquad (5.2)$$

通过投资于这种 6 个月期债券，金融机构不必承担利率风险，但是仍然要承担再投资风险。只有当市场收益率保持在 12.5% 或者更高的水平时，金融机构才能够实现目标累计价值。这再次表明，无法确保实现目标累计价值。

那么，如果市场收益率只发生一次瞬时变动，是否存在某种不管收益率上升还是下降均能确保实现目标累计价值的附息债券呢？实际上，资产管理者应当寻找这样一种附息债券：无论收益率如何变动，利息的利息的变动与债券价格的变动都能够相互抵消。

表 5 - 5　　　　持有息票利率为 10.125%、收益率为 12.5% 的
8 年期债券的累计价值和总收益率

新收益率 （%）	息票利息 （美元）	利息的利息 （美元）	债券价格 （美元）	累计价值 （美元）	总收益率 （%）
16.0	5568750	2858028	8827141	17253919	12.58
15.5	5568750	2746494	8919852	17235096	12.56
14.5	5568750	2528352	9109054	17206156	12.53
14.0	5568750	2421697	9205587	17196034	12.51
13.5	5568750	2316621	9303435	17188806	12.51
13.0	5568750	2213102	9402621	17184473	12.50
12.5	5568750	2111117	9503166	17183033	12.50
12.0	5568750	2010644	9605091	17184485	12.50
11.5	5568750	1911661	9708420	17188831	12.51
11.0	5568750	1814146	9813175	17196071	12.51
10.5	5568750	1718078	9919380	17206208	12.53
10.0	5568750	1623436	10027059	17219245	12.54
9.5	5568750	1530199	10136236	17235185	12.56
9.0	5568750	1438347	10246936	17254033	12.58
8.5	5568750	1347859	10359184	17275793	12.60
8.0	5568750	1258715	10473006	17300471	12.63
7.5	5568750	1170897	10588428	17328075	12.66
7.0	5568750	1084383	10705477	17358610	12.70

续表

新收益率 （%）	息票利息 （美元）	利息的利息 （美元）	债券价格 （美元）	累计价值 （美元）	总收益率 （%）
6.5	5568750	999156	10824180	17392086	12.73
6.0	5568750	915197	10944565	17428512	12.77
5.5	5568750	832486	11066660	17467896	12.82
5.0	5568750	751005	11190494	17510249	12.86

说明：投资期：5.5 年；息票利率：0.10125；期限：8 年；到期收益率：0.125；价格：88.20262；购买时面值：10000000 美元；购买价格：8820262 美元；目标累计价值：17183033 美元；债券价格，指到期价值。

以一只息票利率为 10.125%、售价为 88.20262 美元、收益率为 12.5%的 8 年期债券为例。假设该债券的票面价值为 10000000 美元，购买价格为 8820262 美元。表 5－5 最后两列表明，累计价值和总收益率从未低于目标累计价值和目标收益率。因此，无论市场收益率如何变化，资产持有者都能够确保实现目标累计价值。

表 5－6　持有息票利率为 10.125%、收益率为 12.5%的 8 年期债券 5.5 年后，由利率变动导致的利息的利息的变动和债券价格的变动

新收益率 （%）	利息的利息的变动（美元）	债权价格的变动（美元）	累计价值的总变动（美元）
16.0	746911	－676024	70887
15.5	635377	－583314	52063
14.5	417235	－394112	23123
14.0	310580	－297579	13001
13.5	205504	－199730	5774
13.0	101985	－100544	1441
12.5	0	0	0
12.0	－100473	101925	1452
11.5	－199456	205254	5798
11.0	－296971	310010	13039
10.5	－393039	416215	23176
10.0	－487681	523894	36213
9.5	－580918	633071	52153

续表

新收益率（%）	利息的利息的变动（美元）	债权价格的变动（美元）	累计价值的总变动（美元）
9.0	−672770	743771	71001
8.5	−763258	856019	92761
8.0	−852402	969841	117439
7.5	−940221	1085263	145042
7.0	−1026734	1202311	175577
6.5	−1111961	1321014	209053
6.0	−1195921	1441399	245478
5.5	−1278632	1563494	284862
5.0	−1360112	1687328	327216

表5－6表明，当市场收益率上升时，利息的利息的上升幅度大于债券价值的下降幅度；当市场收益率下降时，债券价值的上升幅度超过了利息的利息的下降幅度。因而，无论市场收益率如何变化，这种债券似乎都能够确保实现目标累计价值。

然而，问题是如何在种类繁多的固定收益债券中筛选出适合自身投资的免疫品种或组合。

表5－7　　　　　　　　　备选债券的修正久期

债券	修正久期
息票利率为12.5%、按面值出售的5.5年期债券	3.90
息票利率为12.5%、按面值出售的15年期债券	6.70
息票利率为12.5%、按面值出售的6个月期债券	0.48
息票利率为10.125%、出售价格为88.20262的8年期债券	5.18

表5－7对每种债券的久期和负债的久期进行了比较①。不难发现，能够确保实现免疫的、息票利率为10.125%的8年期附息债券的久期与这笔负债的久期相等。这表明，资产久期与负债久期相等是实现免疫策略的关键。

将这一结果从单只债券推广到债券组合的关键是，为了采取免疫策略以使投资组合的目标累计价值不受市场收益率变动的影响，投资组合管理

---

① 对于只有单笔现金流、没有嵌入式期权的简单负债而言，久期等于距离到期日的年数除以（1＋收益率×1/2）。对于收益率为12.5%、距离到期日为5.5年期的负债而言，其久期就等于5.18。

者构建的债券组合必须满足如下两点：一是债券组合的久期必须等于负债的久期；二是债券组合现金流的现值必须等于负债的现值。在收益率不断变化的情况下，如果对投资组合进行重新配置，使投资组合的久期等于债券剩余期限内的久期，那么投资组合仍然可以获得免疫。然而，值得注意的是：为了调整投资组合的久期，应该多久对其进行一次重新配置呢？一方面，频繁地重新配置将会增加交易成本，从而降低目标收益率的实现可能；另一方面，重新配置频率不足又将导致投资组合的久期偏离目标久期，同样会降低实现目标收益率的可能。因此，必须对如下两方面问题进行取舍：为了防止债券组合过度偏离目标久期，必须承担一定的交易成本，同时接受同目标久期的小幅度偏离，否则交易成本将可能过高。

（二）免疫风险

上述分析表明，对单笔债务实施免疫的充分条件是使投资组合的久期等于负债的久期。然而，只有当收益率曲线是水平的，且收益率曲线的任何变化均为平行移动时，投资组合才对利率变动免疫。如果利率波动时收益率曲线并未保持原状，那么即便投资组合的久期等于负债的久期，仍难以实现免疫。

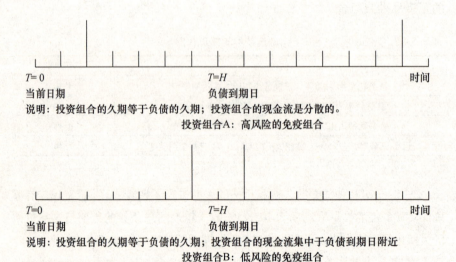

图 5 - 11　投资组合构成与免疫风险

说明：图中刻度表示投资组合的现金流；较长的刻度线表示已到期证券产生的实际现金流，较短的刻度线表示息票利息支付。

资料来源：Frank J. Fabozzi（2012）。

图5-11中投资组合A和投资组合B均由两只债券组成，且投资组合的久期等于负债的久期。投资组合A是一个杠铃式组合，投资组合B是一个子弹式组合。假设收益率曲线以非平移方式变动，从而导致长期利率上升而短期利率下降①。由于短期利率下降使得利息的利息以较低的收益率进行再投资，同时较高的长期利率将使得投资组合遭受资本损失，因而在负债到期日两个投资组合产生的累计价值都低于目标累计价值。然而，由于杠铃式组合的期间现金流的再投资收益率较低、时间较长，且在负债到期日杠铃式组合中未清偿债务的期限远长于子弹式组合的期限使得前者的资本损失大于后者，因而杠铃式组合的累计价值与目标累计价值之间的偏离幅度要大于子弹式组合。这表明，对于利率结构的任何变动，子弹式组合面临的风险将低于杠铃式组合。

Fong和Vasicek（1984）在探讨如何使久期匹配的投资组合未被免疫的风险最小化问题时构建了免疫风险的度量指标，

$$\frac{CF_1 \cdot (1-H)^2}{1+y} + \frac{CF_2 \cdot (2-H)^2}{(1+y)^2} + \cdots + \frac{CF_n \cdot (n-H)^2}{(1+y)^n} \qquad (5.3)$$

其中，CF_t代表投资组合在时期t的现金流；H代表投资期的长度或距离负债到期日的时间；y代表投资组合的收益率；n代表收到最后一笔现金流的时间。

显然，当负债到期日附近的现金流分布高度分散时，投资组合将面临较高的再投资风险；当现金流集中于负债到期日附近时，投资组合面临较低的再投资风险。

因而，免疫风险就是再投资风险；再投资风险最低的组合，其免疫风险也最低。

（三）免疫策略在外汇储备投资管理中的应用

从现实角度讲，免疫策略对中国外汇储备管理具有相当重要的实践价值。

尽管中国政府并未对外披露详细的外债构成数据，但粗略估计中国外债组合（75%的短期外债+25%的中长期外债②）的久期将不会超过3。对外汇管理局而言，计算更为翔实的外债久期相当容易；同时，作为国际

---

① 实际上，这十分类似于美联储"扭曲操作"影响下的美国债券市场。
② 具体参见本章第二节的外债结构分析。

债券市场的重要参与者，其通过市场公开信息计算外汇储备的久期亦并不困难。因而，对中国国家外汇管理局而言，免疫策略具有相当灵活的可操作性及十分重要的现实意义。

在具体操作上，除将中国外汇储备投资组合的久期调整为对外负债的久期以外，外汇管理局应同时将按式（5.3）计算的免疫风险度量指标纳入投资决策过程，以保证外汇储备投资组合的免疫风险最小化。

此外，由于目前短期外债在中国对外负债中的占比较高（接近75%），为更好地锁定利率风险，外汇管理局应当考虑适当增加短期美国国债的持有数量，并应以短期外债期限结构为基础配置所需的短期美国国债。

二　用以满足多笔外债偿付需求的外汇储备投资策略

上述分析集中探讨了覆盖单期外债现金流偿付需求的外汇储备投资组合免疫策略。然而，即便在短期，现金流偿付需求也很难汇集于完全相同的期限结构。因而，对外汇管理局更具现实意义的是在一定期限内构建满足多笔外债偿付需求的储备投资免疫策略。这通常涉及两大类策略：多期免疫策略和现金流匹配策略。

（一）多期免疫策略

在具有多期负债偿付需要的情况下，即使收益率曲线发生平行移动，将投资组合久期与负债久期相匹配也并不一定能实现免疫（Bierwag 等，1983）。为此，必须分解投资组合的支付现金流，使每一笔负债都被支付现金流的一部分所免疫。在多期免疫策略（Multiperiod Immunization）中，无论未来利率如何变动，所构建的投资组合都能够偿还多笔预先确定的未来债务。

Fong 和 Vasicek（1984）证明，在收益率曲线平移的特殊情况下，能够对多笔负债实现免疫的充分必要条件包括：

①投资组合的久期必须等于负债的久期；

②在单个投资组合中，资产的久期分布必须比负债的久期分布具有更高的分散性；

③债券组合现金流的现值必须等于负债现金流的现值。

此外，为了解决因收益率曲线非平行移动所导致的免疫失败问题，Fong 和 Vasicek 还特别发展了免疫风险衡量指标。在满足上述三个约束条件及可能施加的其他约束条件下，最优免疫策略是使免疫风险最小化。

（二）现金流匹配策略在外汇储备投资管理中的应用

现金流匹配（Cash Flow Matching）是另一种构建满足多笔负债需求的投资组合的方法，其同时也被称为"投资组合贡献"（Dedicating a Portfolio）策略。

以购买美国国债为例，构建中国外汇储备投资免疫组合的现金流匹配策略的基本方法如下：

第一步：选择与目标期内最后到期的外债具有相同期限的美国国债，使得在该种债券上投资的本金及最后一笔利息支付的总金额等于最后一笔负债的价值。

第二步：将其余各期外债的偿还额减去之前选择的美国国债的息票利息支付，再选择一只与倒数第二笔外债具有相同金额的另一美国国债，进行同第一步类似的操作。

第三步：不断重复这一现金流匹配过程，直到所有外债均与债券组合中的支付额相匹配。

现金流匹配策略同多期免疫策略的主要区别在于：

首先，与多期免疫策略不同，现金流匹配策略对久期没有要求；

其次，在运用免疫策略时，即使利率没有发生变化，也需要重新配置投资组合；

最后，在运用现金流匹配策略构建投资组合时，不存在债务拖欠风险。

三　国家外汇管理局的主要任务

现实中，对资产管理者而言，负债的偿付时间及偿付金额往往是不确定的，实际情况往往同应用免疫策略的理想条件相去甚远。因此，自20世纪80年代中期起，大量文献提出了许多更加贴近现实的模型用以分析负债偿付额和资产现金流的不确定性问题，被统称为随机模型（Stochastic Model）。其要求资产管理者将利率模型包括进来，并使用随机规划（Stochastic Programming）技术解决最优投资组合选择问题。

然而，随机模型的复杂性往往限制了其实际应用。2000年以后，随着更多的资产管理者逐渐适应了其复杂性，随机模型开始得到广泛应用。资产管理者逐渐意识到随机模型在增强偿债目标实现可能、减少投资组合重新配置频率以及降低交易成本等方面的优势。

对中国国家外汇管理局而言，为更好地统筹外汇储备投资，应当做好以下几方面的工作：

首先，要建立资产/负债协同管理的"大宏观"体系。在现行外汇及外债管理机制下，厘清职权与事权，建立数据报送、管理、使用等的协同共享机制。

其次，要进一步完善对外统计制度。力争获得翔实的外债统计信息，以便准确计量中国对外负债的久期，为应用资产负债管理策略创造条件。

最后，要加强队伍建设，提升管理团队的业务技能。应从软硬件两个方面，将现代金融工程领域发展出的新技术、新方法引入中国外汇储备管理的实际应用中。

本章小结

在以往的研究中，外汇储备管理通常独立于对外债务管理。然而，从国家资产负债管理角度考虑，对外汇储备和外债进行协同优化能够更为有效地规避利率风险，保证国家金融安全。

本章首先讨论了对外汇储备和外债进行协同优化的必要性。为刺激经济增长，美联储、欧洲央行及日本央行相继推出超低利率政策，大打货币战。一旦实体经济出现好转，利率随之走高，美国国债等主权债券价值必然随之下跌，继而影响中国外汇储备投资的市场价值。届时，中国国家资产负债表的资方价值收缩幅度将可能超过负债方价值的变动，从而显著影响中国经济的平稳发展。因而，对中国外汇储备和外债进行协同优化事关重大。

其次，本章全面分析了中国的外债结构。截至 2012 年 6 月末，中国外债余额为 7851.72 亿美元。从期限结构来看，中长期外债占 25.08%，短期外债占 74.92%；从币种结构看，美元债务占 77.77%，欧元债务占 7.51%，日元债务占 6.99%，其他债务合计占 7.73%；从投向来看，登记中长期外债主要投向制造业、交通运输、仓储和邮政业，以及电力、煤气及水的生产和供应业等；从债务类型来看，国际商业贷款余额占 86.57%，外国政府贷款和国际金融组织贷款余额占 13.43%；从债务人类型来看，中资金融机构债务余额占 51.15%，外商投资企业债务余额占 28.59%，外资金融机构债务余额占 11.57%，国务院部委借入的主权债务、中资企业债务及其他机构债务余额合计占 8.69%。

再次，本章以免疫策略为基础初步探讨了中国外汇储备的静态资产负债管理策略。无论利率是否变动，负债融资策略都要求设计一个能够产生足够现金流以偿付债务的投资组合。当只有单笔未来负债需要融资时，可以使用免疫策略；其目的是在利率变动时通过令最低累计价值（或最低收益率）成为目标累计价值（或目标收益率）的方式使利率风险和再投资风险相互抵消。免疫策略要求外汇管理局构建一个子弹式组合并调整所持债券组合的久期以趋近目标外债的久期。为更好地锁定利率风险，外汇管理局还应当考虑适当增加短期债券的持有数量，并应以中国短期外债期限结构为基础配置所持有的短期美国国债。

此外，本章还讨论了中国外汇储备投资的多期免疫策略和现金流匹配策略。总的说来，在负债融资策略下外汇储备投资应当采取"资产先于负债重新定价"（Assets Repriced Before Liabilities，ARBL）的原则，努力寻求正的 ARBL 缺口，至少能够在短期从利率上升中获益。

对外汇管理局而言，为实现中国外汇储备与外债的协同优化，首先，必须建立资产负债协同管理的"大宏观"体系；其次，需要进一步完善对外统计制度；最后，应当加强队伍建设，提升管理团队的业务技能。

第六章　中国外汇储备管理战略

目前，中国外汇储备规模已稳居世界第一，在可预见的未来仍将持续增长。从中长期来看，美元弱势还将延续。"货币战争"所造就的全球流动性过剩仍将对中国的外汇管理政策形成压力。

外汇储备管理，就是要处理好储备资产的规模和结构问题。面对汇率波动、利率变化、潜在投资损失和货币政策失效风险，中国的巨额外汇储备深陷规模调整和结构优化困境，迫切需要建立一套长短期兼顾、以国家利益为核心、战略战术通盘摆布的外汇储备管理体系。

第一节　改善中国外汇储备管理的短期对策

一　建立战略外汇储备风险管理框架

近几十年来，全球金融市场波动加剧。许多发展中国家的大量外债和可观的外汇储备暴露于利率和汇率风险中。商品价格的反向变动可能会相当严重地影响发展中国家的经济安全。对主权国家而言，进行资产/负债管理的内在诉求相对以往更加强烈。大量金融工具被应用于处理这些风险，策略风险管理工具的广度得到了积极拓展，现已包括多种借贷和资产类型、远期协议、掉期安排及期权等。

总的说来，国家层面的 ALM 策略的发展相对滞后：其通常排除了贸易流动和财政效果，建模的灵活性相当有限，针对具体国家案例的改进往往通过基本分析而非最优化方法进行零碎的修缮。更大的问题还在于，其分析视角通常具有恒定基准而不随时间改变，因而自然无法囊括投资组合的动态调整问题；对不确定性的认识非常有限，约束条件也不包含过程本身，而是围绕着优化解进行反复迭代。相比对公司法人进行的类似分析，为发展中国家建立的主权 ALM 模型必须考虑更广泛的风险、采取真正动态的分析方法。所面临的风险的动态变化的本质同时强调更为复杂的管理工具。在外汇储备总水平上，亚洲和拉美国家实现了令人印象深刻的快速增长，却也同时带来了较大的机会成本，因此多数中央银行正在考虑对其资产组合中不大可能被用于干预目的的那部分资产采取更为积极的投资策略。储备管理问题被同化为"当面对总资产的类别风险、信用风险、货币风险和利率风险时，如何在用作干预目的的流动性资产组合和用于投资目的的那一部分资产组合间进行分配"的问题。

发展于 20 世纪 70 年代末期的免疫策略（Immunization）是一个早期的 ALM 方法。债券免疫尝试着将债券组合的利率敏感性同负债流的利率敏感性进行匹配，其并未考虑利率的随机本质，是一个没有交易成本的单期模型。对于多期和随机 ALM 问题，免疫是不充分的。基于免疫策略的资产负债管理对中国外汇储备而言虽然是一种突破，但相对于风险的随机本质，中国外汇储备的资产负债管理仍然有较长的路要走。

随机规划（Stochastic Programming）近来在金融领域十分流行。随机规划基础上的资产负债管理是依赖于离散情景集的不确定模型，捕捉到了 ALM 问题的随机性和动态特征，相对免疫方法更为有效。在随机规划技术条件下，建立中国外汇储备的资产负债管理框架，将在战术层面上对中国外汇储备风险管理与结构优化问题形成有益补充。

20 世纪 90 年代，世界银行（World Bank）组建了一个发展主权 ALM 分析框架的研究小组，由金融部门战略和政策组首席经济学家 Stijn Claessens 教授领导，后经 Jerome Kreuser 教授十余年的发展，已日臻成熟。

（一）宏微观相结合的战略外汇储备风险管理框架

外汇储备管理涉及多个政策目标。现存有关储备管理的诸多文献大致可以分为两类：一类是纯粹宏观经济导向的研究，主要关注储备规模、经济影响及储备需求的决定因素等；另一类是纯粹微观经济导向的成本/收益分析，更多关注币种结构、投资工具选择及成本收益权衡等问题。此前的研究往往将这两方面截然分开，很少对其进行全面分析。Stijn Claessens 和 Jerome Kreuser（2007）提出的战略外汇储备风险管理（Strategic Foreign Reserve Risk Management，以下简称 CK – SFRRM）分析框架试图对此前彼此割裂的两方面研究进行融合。

基于如下两个原因，对外汇储备管理进行的任何中长期分析必须包含储备资产组合的动态再平衡过程：一是未来结果的密度函数依赖于此前采取的决策；二是变化的区间条件意味着未来的决策制定需要依赖未来的结果。

中央银行需要考虑更广泛的风险管理问题：主权风险不仅涉及政府的直接金融风险暴露，更源自银行系统风险、国有企业改革以及经济结构调整等可能形成的或有负债。因而，"风险"应当被重新定义①。未考虑这些因素的风险管理方法将忽视可能存在的内外部经济之间的自然套利；仅将分析限制在"表内负债"将忽视许多重要的约束条件。此外，追求一种真正动态的方法也十分必要。

CK - SFRRM 分析框架建立在以下三极基础之上：

（1）产生随机变量的稀疏树；

（2）构建和解动态随机最优化模型；

（3）对模型结果的密度函数进行修剪、塑形及估计。

其基本思想在于：今日的资产负债分配取决于使用多种技术混合塑形的虚拟化结果的密度函数基础之上。

CK - SFRRM 模型分析的起点，是产生随机（外生）变量的可能实现值的情景集合。决定未来状态的变量分为两类：一类是随机（外生）变量，包括利率、汇率、货币账户赤字以及其他希望被随机估计的变量；另一类是由模型决定的内生变量或称"决策变量"，可能包括储备和外债的数量、期限结构以及币种构成等。模型的初始步骤往往是对外生变量产生一系列可能的情景实现值。有两种不同的拓扑（Topologies）结构可以实现这一目标：一是沿着特定路径的、没有分支的情景结构（Scenario Structure）；再就是根据未来事件状态生发许多分支的树状结构（Tree Structure）。由于树状分支结构为大多数随机过程提供了良好的离散近似，因而在实践中得到了广泛应用。变量概率的树状结构非常重要，因为它意味着具有低概率、高影响的事件可以很容易地被添加进来而不要求产生许多新的情景。在 CK - SFRRM 分析框架下，未来的外生状态将通过经调整满足如下目标的方式产生：

（1）价格和比率的随机过程匹配历史数据；

（2）均值和相关系数等值函数可以通过专家意见进行重写；

（3）价格和比率及其均值和波动可以经调整配合隐含的现期偏离值；

---

① 例如，风险测量需要考虑财政收入对全球因素的敏感性等。

（4）价格和比率可以被调整到满足某些理论条件（如非抵补的利率平价等）。

上述条件是建立合适的基本情景以便进行压力测试的基础。

在这一过程中，确保树状拓扑结构不过分巨大是十分重要的。有多种方法可以实现这一目的[①]。

获取情景的有效渠道是借助多因素偏微分方程（Multi-factor Partial Differential Equation），

$$\frac{\mathrm{d}s_i(t)}{s_i(t)} = \mu_i(s,t)\mathrm{d}t + \sum_j b_{ij}(s,t)\sigma_j(s,t)\mathrm{d}\omega_j(t) \tag{6.1}$$

其中，μ_i，b_{ij}，σ_j 是待估计的参数，ω_j 是独立的 Wiener 过程。

将时间区间 $[t_0, t_T]$ 划分成 $[t_0, t_1]$，$[t_1, t_2]$，$\cdots$，$[t_{T-1}, t_T]$，对每个区间使用 μ，b，σ 的估计值，则方程（6.1）的解为

$$s_i(t) = s_i^0 \exp\left[\left(\mu_i - \frac{1}{2}\sum_{j=1}^n b_{ij}^2\sigma_j^2\right)t + \sum_{j=1}^n b_{ij}\sigma_j\omega_j(t)\right]$$

$$E[s(t)] = (s_1^0 e^{\mu_1 t}, s_2^0 e^{\mu_2 t}, \ldots, s_n^0 e^{\mu_n t})$$

$$\mathrm{cov}[s_l(t), s_k(t)] = E[s_l(t)]E[s_k(t)]\left[\exp\left(t\sum_{j=1}^n b l_j b_{kj}\sigma_j^2\right) - 1\right]$$

$$\mathrm{var}[s_l(t)] = \{E[s_l(t)]\}^2(e^{t\sum_{j=1}^n b_{lj}^2\sigma^2} - 1) \tag{6.2}$$

一个特殊的、随时间变化的实现值 $s_i(t)$，被称作一个"情景"或者"样本路径"。上述解提供了矩匹配（Moment Matching）问题的一阶和二阶矩。

外生变量的概率及相应的值由匹配一阶矩、二阶矩及可能的更高阶矩的随机过程决定。树状结构可以通过在每个时点上解多元差分方程变量概率的矩匹配问题逐事件地构造。通过逐事件地构建树结构，可以很容易地触发发生于某些时点或者变量水平上的事件[②]；其考虑到产生随机结构的便捷性并且易于随时间和变量水平而变化。在事件树产生以后，其将准确地满足所有随机性质以及特定过程的理论要求。

第二步是建立动态规划模型以便推导决策变量。决策变量因特定的目

---

① 例如，可以在产生情景结构以后，通过 Heitsch 和 Römisch（2003）发展的情景删减（Scenario Reduction）技术对事件树进行修剪。

② 例如，低水平的 GDP 增长率可能引发国有企业的或有负债到期，等等。

标而异，但通常是以资产类别的形式定义的①。用以获得决策变量的模型将独立于随机过程、树结构及产生树结构的事件，且应当是具有等式、不等式约束的动态随机最优化模型。决策变量应当对每个事件分别定义，并同时考虑资产、负债、货币、可选投资类别及其他现金流约束。由于决策变量是被分别处理的，考虑到交易成本、价差以及分别施加的约束条件，这增加了模型的稳定性和现实性。同时，模型的解并非逐事件相继获得的，因为未来的决策、交易、成本和约束将会影响今天的决策；精确的客观定义对最终解来说也并不那么重要。

一旦建立了包含决策变量的模型，将能够获得所有待考察因素的密度和分布函数。在这一框架下，分布的形状及密度函数将是管理当局最为重要的分析工具。塑形（Shaping）的优势就在于，没有必要设定或者估计参数，可以方便地加入不同的偏好标准。虚拟化密度函数通常将提供（相对于分布）更为稳健的信息。

在数学上，可以将对密度形状的偏好特征形式化为一个函数 P（s, I; X），其中参数 s 代表斜率，I 表示区间，X 代表感兴趣的随机变量。函数 P 对 X 具有一阶正导数和二阶非正导数，在最大化 P 的过程中，最大化 X。s 的值可以被理解成塑形的密度而相当任意。I 是这样一个区间：在满足最优化的约束条件下，尽可能地挤压随机变量的概率群。P 的数学形式多种多样，重要的是参数 s 和 I 都是明确定义的，并且不需要以任何方式进行估计。最优化函数 P 的主要目的是决定希望将概率集挤压进区间 I 的密度。

此外，还可以添加各种形式的 CVaR 约束。条件在险价值 CVaR 是在最差的 $\alpha\%$ 情况下的平均损失，一般大于或者等于通常的在险价值 VaR。作为一类线性约束，CVaR 成为塑形的可选方法，特别是当其非常大的时候。

决策变量独立于随机过程、树以及产生树的事件。选择什么作为决策变量取决于特定的问题及所追求的目标。许多可能的约束（包括资产类别的法律限制、资产组合回转限制、交易成本限制、现金流要求、市场准入限制、流动性限制等），可以被相对容易地加入模型。一旦目标和约束条件得到定义，所有决策变量均可以通过合适的最优化技术进行求解。

___

① 例如，区分短期、中期和长期资产，以及不同的货币资产类别和每类资产的水平等。

第三步是对密度函数进行塑形。相关技术在 Wets（1998）的分析中得到了发展。类似的，解如下的最优化问题，

$$\min - \sum_{e \in X^t} \ln \left[\sum_{k=1}^{q} u_k \varphi^k(\xi^e) \right]$$

$$s.t. \sum_{k=1}^{q} u_k \int_{\mathbb{R}} \varphi^k(\xi) d\xi = 1$$

$$\sum_{k=1}^{q} u_k \varphi^k(\xi) \geqslant 0, \forall \xi \in \mathbb{R}$$

$$\sum_{k=1}^{q} u_k \varphi^k \in A u_k \in \mathbb{R}, k = 1, \cdots, q \tag{6.3}$$

其中，$\sum_{k=1}^{q} u_k \varphi^k(\xi^e)$ 是通过 $\sum_{k=1}^{q} u_k \varphi^k(\xi) = u_0 + \sum_{k=1}^{q} [u_k cos(q\pi \bar{V}^{i,e}) + u_{k+q} sin(q\pi \bar{V}^{i,e})]$ 定义的正交基，$\bar{V}^{i,e}$ 代表一个结果变量的函数①。令 $a = \min_{e \in X^t} \bar{V}^{i,e}$，$b = \min_{e \in X^t} \bar{V}^{i,e}$，密度函数定义在区间 $[a, b]$ 上。非负约束可以通过将区间划分成许多子区间，并在每个区间点上施加非负约束获得。

在数学上，对密度函数的形状的偏好可以表示成如下的最优化问题，

$$\max E \left[\sum_{t \in T} \delta^t r_1^t (q^t - p^t) \Theta_{\frac{1}{r_2}} \left(\frac{W^t - p^t}{q^t - p^t} \right) \right]$$

$$\Theta_e(\lambda) = \begin{cases} \lambda & \lambda \leqslant 0 \\ \lambda - \dfrac{\lambda^2(e-1)}{2e} & 0 \leqslant \lambda \leqslant 1 \\ \dfrac{\lambda}{e} + \dfrac{e-1}{2e} & \lambda \geqslant 1 \end{cases} \tag{6.4}$$

这一函数十分类似于具有正的一阶导数和非正的二阶导数的效用函数。因此，可以通过最大化 W^t 来解决上述最优化问题。

此外，CVaR 的损失函数还可以设定为，

$$z_e \geqslant f_e(x) - \alpha, z_e \geqslant 0$$

$$\sum_{e \in X^t} \pi^{t,e} z_e \leqslant \rho(C_\rho - \alpha), \text{对某些} t, \forall e \in X^t \tag{6.5}$$

（二）战略外汇储备风险管理框架的优势

2003 年，国际货币基金组织在编制《外汇储备管理指南》时，对各

---

① 例如，在终端时间 $\bar{t}$，$\bar{V}^{i,e}$ 等于总资产财富值。

国的储备管理行为进行了调查。参与 IMF 调查的大多数国家都表示以基准（Benchmark）的形式定义了对外汇储备投资的风险和回报的基本要求，虽然其中的大多数国家是通过一种特殊的方式计算基准组合的。为管理货币和利率风险，许多国家使用在险价值 VaR 或风险流动性（Liquidity - at - risk，LaR）作为风险测量工具，却并不将其作为获得投资基准的约束条件；某些国家建立了最优化模型，却往往将其建立在均值—方差分析基础上，而非更一般的跨期多因素模型；某些国家简单地将资产和负债进行匹配，却无法在动态分析框架下对伴随着流动性需求的货币和汇率波动做出解释。

储备管理的另一项重要挑战就是避免实际投资的负收益。典型的现实案例是加拿大、匈牙利和土耳其等国的具体实践：首先要寻求匹配资产和负债的货币，然后在考虑流动性、其他目标和风险约束的条件下选择特定的资产组合。储备管理者以零碎的方式进行着这些操作，其结果可能是次优的。在 CK - SFRRM 分析框架下，这些问题都将同流动性和多种风险因素等被同时讨论，因而将能够获得更优的结果。

另一些对外汇储备进行次优管理的例子是澳大利亚、巴西、智利、哥伦比亚、中国香港、韩国、墨西哥、新西兰和英国等使用 VaR 监测和限制市场风险的实践。作为一种风险度量工具，VaR 绝对算不上是一种好的风险管理工具。在 CK - SFRRM 分析框架下，条件在险价值 CVaR 不仅施加了必要的 VaR 限制，更能够获得最优解和基准组合。

此外，澳大利亚、巴西、哥伦比亚和捷克都对储备资产设定了久期（Duration）限制，同时定义 VaR 类型的约束，通过迭代模拟和专家判断，使用基本技术最小化一定时期内资本损失发生的概率。在 CK - SFRRM 分析框架下，对应于特定限制的已实现或未实现的损失将能够得到事前的或事中的同时控制，因而能够获得最优解。

与此同时，澳大利亚、中国香港、墨西哥、挪威、英国和新西兰都使用最优化模型获取包含货币分配、风险和回报等因素的长期风险头寸。然而在分析过程中，风险因素被相互割裂，其实际上同多因素和动态模型尚存较大差距。CK - SFRRM 分析框架则能够有效统一多种风险因素。

当然，CK - SFRRM 分析框架同时还能够评价外汇储备的充足性，能够很容易地加入多种度量标准①。

正是基于上述诸多优势，CK－SFRRM 分析框架在哥伦比亚、印度等国得到了积极的应用，并获得了世界银行、欧洲央行、国际清算银行及国际货币基金组织等的广泛关注。

（三）战略外汇储备风险管理框架中国化的困境

将 CK－SFRRM 分析框架引入中国，将在一定程度上缓解巨额外汇储备的投资困境。然而，由于 CK－SFRRM 分析框架的数学基础过于复杂，并且模型的可移植性并不是很好，需要根据不同国家的经济特点量身订制模型，因而在一定程度上限制了其实际应用。据此，为了建立富有时代气息、具有中国特色的外汇储备战略资产负债管理框架，国家外汇管理局的当务之急，还在于加强队伍建设。

二　制定外汇储备适度规模的动态评价标准

从本质上讲，外汇储备管理的实质是储备规模的控制及储备投资的选择。由于统计信息相对公开，储备规模经常成为普通民众和专家学者探讨外汇储备问题的重点。因而，保持同自身经济结构和发展阶段相适应的合意储备规模就成为外汇储备管理工作的核心要务。在适度储备规模理论的发展过程中，比例分析法曾起到过重要作用；借鉴比例分析法的形式，发展出具有必要理论基础的新标准以便指导中国外汇储备规模管理，是十分有意义的重要尝试（张志超，2009）。

有关储备充分性的经验准则，近年来取得了重要发展，实现了从 Triffin 规则到 Greenspan 和 Guidotti－IMF 规则的转变。

Triffin 规则最早提出于 1960 年。在第二次世界大战后初期"美元荒"的背景下，国际金融界关注的焦点是国际储备的充足性问题。Triffin 规则明确指出：一国外汇储备总额以满足 3 个月进口需要量为适度。对很多国家而言，确保持有至少满足 3 个月进口需求的外汇储备，是关乎宏观经济稳定至关重要的政策目标。

随着布雷顿森林体系逐渐解体，外汇储备多元化及国际资本流动趋势日渐增强。20 世纪 70 年代以后，许多国家的外汇储备短缺状况逐步改善。90 年代后期，在汲取了亚洲金融危机的经验与教训之后，一些新兴市场国家开始大量积累外汇储备。至此，国际储备的"充足性"问题逐

---

① 例如，外债/储备、短期外债/储备，等等。

渐让位于储备的"适度性"问题。

20 世纪 90 年代末以来，在有关外汇储备适度性的众多讨论中，一个重要的共识是：必要的外汇储备应足以防范本国的金融风险并能够应对可能出现的经济危机。其中又以 Greenspan – Guidott 规则（1999）和 IMF 规则（2000；2001）最具代表性。

Greenspan – Guidott 规则建立在这样一种思想基础上：即，持有外汇储备有助于一国应对"资本急停"；合意的外汇储备规模，应该超过本国一年期债务清偿表所列示的官方外债和短期外债总额，并且应当满足一年期内外部资产管理的流动性用汇需求。美联储前主席 Greenspan 认为，亚洲金融危机的重要启示就是不少国家的外汇储备规模严重低于外债清偿的需要；这对金融危机的发生起到了推波助澜的作用。此外，外汇储备管理应当同外债以及其他资产的管理一并进行，如此才能有效应对各种外部冲击。显然，Greenspan – Guidotti 规则是 Jeanne 和 Rancière（2011）模型很自然的比较标准，这两种分析方式所得的结论可能比较接近。

那么，Jeanne 和 Rancière（2011）获得的最优储备水平同 Greenspan – Guidotti 规则有何关联呢？Greenspan – Guidotti 规则认为，外汇储备同外债的比例应当等于 1，即 $\rho = \lambda$。从 Jeanne 和 Rancière（2011）的分析中不难发现，如果"资本急停"不影响产出 $\gamma = 0$，Greenspan – Guidotti 规则便对应着完全保险 $p = 1$。因而，Greenspan – Guidotti 规则实际上是"储备保险合同"模型的特殊情况。一般而言，最优储备水平可能比 Greenspan – Guidotti 规则确定的储备水平更大，也可能比其更小。由于完全保险储备水平 $\rho^* = \lambda + \gamma$，必须覆盖同"资本急停"相关的产出水平的下降，因而根据 Greenspan – Guidotti 规则确定的适度储备规模可能更大；同时，由于购买保险是有成本的，一国通常并不进行完全投保，这使得实际的最优储备规模可能较 Greenspan – Guidotti 规则确定的储备水平更小。

IMF 规则在以下方面对 Greenspan – Guidott 规则进行了扬弃：

首先，IMF（2000）指出：传统的外汇储备与进口之比例的标准已不再适用于资本账户开放的转型经济体的金融风险防范。1997 年，许多发展中国家的外汇储备规模相差不大，但只有资本账户开放的发展中国家遭受了较大的金融危机冲击。这说明，资本账户开放条件下，外汇储备规模对于金融危机防范的重要性远高于外汇储备同进口的相关性。

其次，外汇储备规模充足与否应根据一国能够在多长时间内在不举借外债的情况下通过动用自身储备维持其对外清偿力来判断。短期外债应当包括所有类别的金融工具①、货币与存款、贸易信贷、FDI 的债务需求以及由非公民持有的本国企业、公共部门在国内外发行的所有债务工具，等等。IMF 同时建议：对于已经开放或准备开放资本市场的新兴市场国家，外汇储备充足性标准还应包括以外币计算的外债规模、汇率制度的性质②、宏观经济基本面状况、经常账户逆差规模、公民与非公民资本流动性的高低等因素。

再次，IMF（2001）公布的 *Guidelines for Foreign Exchange Manangement* 中进一步明确提出了外汇储备管理应达到的主要目标：金融风险和危机防范，包括对储备的信用风险、流动性风险、市场风险和危机的防范；稳定国内外市场对本币、本国偿债能力、本国货币政策与汇率政策的信心；外汇储备应满足偿还外债、应对日常支付及突发事件的需要；在满足上述需求的前提下，还应寻求储备的合理投资收益。

本书认为，从中国外汇储备管理的具体实践来看，国家外汇管理局应当将"8.1 个月进口 + 短期外债的 1.91 倍 + 实际利用外资的 15%"确定为中国外汇储备适度规模的评价标准，建立储备规模适度性的动态监管体系。

三　按照动态最优路径调整外汇储备币种结构

从币种构成来看，同其他发展中国家一样，中国外汇储备呈现以美元资产为主、欧元资产为辅、其他货币资产为补充的"倒金字塔"形格局。美元和欧元资产合计占到了外汇储备投资的 90% 左右。在美国债务上限及"财政悬崖"问题未得到良好解决、欧洲深受主权债务危机困扰、经济复苏乏力甚至步入衰退的情况下，中国外汇储备的风险敞口日益增大。面对超过 3 万亿美元的巨额外汇储备，投资多元化和多样化是实现中国外汇储备保值增值的现实选择。

在储备资产多元化过程中，除了要考虑币种结构的相互调整外，亟待解决却经常被忽视的问题是币种结构调整的速度和幅度。不同的调整路径将直接影响储备资产多样化投资过程的风险。按照动态最优路径进行币种结构调整，将能够保证调整过程的实时最优性。因而，将动态最优化理论引入外汇储备结构调整的研究至关重要。除币种结构调整外，动态优化理

---

① 如，贷款、股票、票据、货币等市场工具。
② 是固定汇率制，还是浮动汇率制，等等。

论在外汇储备规模调控、储备资产类别转换、期限结构调整等领域的应用，特别值得深入探索。

四 完善外汇储备委托经营体制

外汇储备委托经营，是国家外汇管理局在创新储备运用方面的积极尝试。由于中国的特殊国情，外汇管理局总共 400 余人的团队却掌管着 3 万多亿美元的巨额资产，因而其投资策略相对保守，同时还面对来自中国投资公司的竞争。为此，自 1990 年起，外汇管理局便开始尝试对外汇储备进行委托经营，分流部分储备资产于外部专门机构进行投资管理。2011 年，外汇管理局还在局内成立了"外汇储备委托贷款办公室"（SAFE Co - Financing），负责创新外汇储备运用工作，试图通过外汇储备多样化投资分散诸如央行资产负债表和外汇冲销能力弱化的风险。无论是进行外部委托投资管理，还是内部委托贷款，委托经营都适应了中国外汇储备投资多样化的内在需求。在现行组织架构下，"委托部"和"外汇储备委托贷款办公室"作为中央外汇业务中心的组成部分，是外汇管理局所属的事业单位的内设机构。

近年来，由于经济平稳较快发展，国民经济实力显著增强，国内企业实力稳步提高，经济运行整体向好。随着经济一体化程度的不断加深，中国同世界各国的经贸往来日益紧密。中国人民银行、外汇管理局高度重视发挥利用外汇支持国家经济建设和社会发展的积极作用。近年来，在做好货币政策调控和外汇管理工作的同时，不断创新外汇储备运用，支持金融机构服务实体经济发展，同时积极推行"走出去"战略，并特别成立了外汇储备委托贷款办公室，按市场化原则和条件开展相关工作。开展委托贷款工作以来，通过调节外汇市场资金供求，为中资金融机构及外汇市场参与主体扩大对外经贸往来提供了良好的基础条件和融资环境，较好地促进了中国经济社会发展，扩大了外汇储备投资范围与领域，进一步促进了多元化经营管理，实现了外汇储备的保值增值。

然而，同中国外汇储备管理具有些许神秘色彩一样，外汇管理局并未公布委托贷款的受托机构、贷款规模、运作方式和具体投向。但据消息人士猜测，委托贷款运作的具体模式可能为：由外汇管理局提供资金，委托国家开发银行向指定的贷款对象发放贷款，由国开行确定贷款利率、期限、金额，其风险由外汇管理局自行承担，主要贷款对象是"走出去"的中国企业。

对此，中国银行国际金融研究所副所长宗良认为，委托贷款不失为利用外汇储备的一个好办法。通常而言，分别采用"稳健型"与"激进型"对外汇管理局与中投公司的海外投资行为进行区分。较之外汇管理局，在"安全性、流动性、盈利性"目标的排序上，中投公司的"盈利性"分量更重，因此其投资会更加积极；相形之下，外汇管理局的投资则更加注重安全性和流动性。有消息人士指出，鉴于外汇储备对"安全第一"原则具有内在诉求，目前外汇管理局对资金年收益率的考核底线可能是2.5%。对外汇储备进行委托贷款，一方面能够加大中资企业海外投资力度，加快国际化步伐；另一方面也能够有效提高外汇储备的投资收益。相比中投公司支持中资企业海外行动可能采用的权益投资模式，委托贷款的风险更小，符合外汇管理局追求安全的基本目标。

然而，如何明确外汇储备委托贷款办公室与中投公司的各自定位，以及如何进行职能分工，仍是一个有待设计的问题。对部分企业而言，无论从其自身资产负债管理角度，还是从借入资金的稳定性角度考虑，引入战略投资者的实际收益可能都将高于外部债权融资。于是，外汇储备委托贷款办公室将可能同包括中投公司、国家开发银行、进出口银行等在内的多家政策性金融机构形成竞争。因此，如何进行协同，将是完善外汇储备委托经营体制的核心任务。

五　构建外汇储备结构优化指数

各国的储备管理实践表明，外汇储备管理实质上是一个以基准组合为中心的动态调整过程。当基准组合确定以后，储备管理就是一个结构优化过程。因而，引入外汇储备结构优化指数，将有助于更加准确地监测外汇储备投资的实际资产组合同基准组合的偏离，以便及时纠正和调整。

构建外汇储备结构优化指数，不仅有助于对储备偏离基准的情况进行"事前管控"，更能够对储备管理和结构调整的效果进行"事后评价"，是储备管理由定性分析走向定量研究的关键。当然，科学地构建结构优化指数有赖于完善以下两方面的工作：一是及时准确地制定和调整基准组合；二是规范并完善各部门、各机构的信息统计工作，提升统计数据的质量。

六　完善以风险管理为核心的外汇储备管理体系

储备管理，是一个确保足量外汇为货币当局控制、随时可利用、实现一定目标的资产管理的过程。在当代中国的现行体制下，由中国人民银行依照《中国人民银行法》授权国家外汇管理局负责外汇储备的管理工作，实现下列目标：

①支持并保证货币和汇率管理政策的信心；

②危机时，通过保持外币流动性吸收外部冲击、限制外部脆弱性；

③以支持本国外部履约能力的方式为市场提供信心；

④通过持有必要规模的外币资产对外宣示国内流动性基础；

⑤帮助政府解决用汇需求、及时履行外债偿付义务。

由于良好的外汇储备管理政策可以提高（却不可替代）本国的宏观经济管理能力，并且能够增强一国（或地区）抵御外部冲击的能力，因而良好的储备管理实践十分重要。不适当的经济政策（财政、货币和汇率、金融政策）可能给外汇储备管理带来相当严峻的风险。现阶段，应当完善以风险管理为核心的外汇储备管理体系。

（一）明确储备管理的目标和范围

外汇储备管理应当确保：

①满足特定目标的外汇储备的充足性；

②以审慎的方式控制外汇储备的流动性、市场及信用风险；

③满足流动性要求及其他风险约束，在所投资的中长期资产上获取合理的收益。

外汇储备管理构成了一国经济政策的一部分，特定的经济环境将会影响有关储备充足性的判断以及储备管理目标的选择。为确保外汇储备的随时可利用性并且设定适当的投资优先等级，外汇管理局需要对"什么样的储备水平是充分的"做出评价。流动性，通常被赋予了最高的优先级，严格遵循这一要求是风险控制的内在需要。市场和信用风险可能导致突然的损失，并严重削弱流动性。此外，获得收益是外汇储备管理的重要结果。在某些流动性和风险约束的考量范围内，获得可接受的投资收益应当被优先考虑。

总的说来，在审慎风险约束框架下，外汇管理局应当寻求最大化外汇储备投资的持有价值。外汇储备投资组合倾向于具有较高的风险厌恶程度。在管理实践方面，应当借鉴其他国家的经验，使用衍生金融工具对储备管理行为进行整合，以便对货币和利率风险头寸进行套保。目前，对国家外汇管理局形成更大挑战的，是巨额外汇储备的保值增值问题。

（二）协调并融合储备管理策略和其他政策

储备管理策略应当同国内的特定政策环境相协调，特别是货币和汇率安排。应当从"风险/收益"及其对外汇储备充足性之影响的角度对备选管理策略进行评价。为了减轻外部脆弱性,外汇储备管理需要借助良好的主权资产/负债管理框架协调外债管理策略。

(三)构建良好的内部管理架构和风险管理框架

内部管理应当由明确的责任分配和分离原则所指导,建立具有良好顶层设计的、自上而下明确定义的组织架构,确立完备的权责分离原则,构建一个能够有效约束风险的决策层级关系。

为提高管理效率,国家外汇管理局应当参照中投公司及其他商业化运营的资产管理机构的内部结构,组建以投资行为监管为中心、"管理委员会、投资委员会及资产组合管理单元"为架构的三层内控机制(见图6-1)。

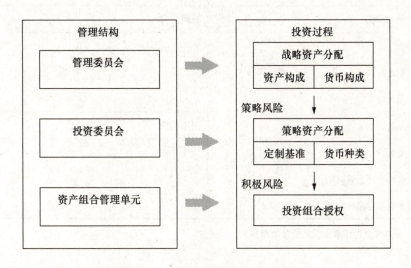

图6-1 外汇储备管理的三层架构

在储备管理实体的顶层,由管理委员会负责制定外汇储备管理的基本战略,设定储备管理操作和风险控制过程中的总体参数[①],对投资行为及操作进行定期回顾和评价。为增加储备管理同宏观经济管理的协调性,除外汇管理局的相关负责人外,央行货币政策委员会、财政部及商务部等都可以派员参加储备管理委员会的组建。在现行管理体制下,中央外汇业务中心的资产配置部实际上执行了管理委员会的部分职能。

---

① 包括对不同风险偏好进行的折中、外汇管理局损失容忍程度的设定,等等。

表 6-1　　　　　　　　　　　外汇储备投资基准

组合特征	货币构成
期望回报	美元
波动率	欧元
夏普比	日元
投资类型	国别构成
国债	美国
非国债	欧洲
股权	日本
流动性特征	套利行为
现金	
短期政府债券	
美元久期	
欧元久期	信用质量
日元久期	
交易成本（正常时期）	
交易成本（危机时期）	

资料来源：作者根据分析整理获得。

　　资产类别及投资工具选择、期限结构和投资数量等的具体决策，由投资委员会负责。其最为根本的任务就是确定外汇储备投资的基准（Bench-mark）组合。

　　在操作层面上，资产组合管理单元的日常操作和簿记应当具有独立性：前端办公室负责储备管理的交易；中端办公室负责风险控制并提供报告；后台办公室负责交易的结算；核算部门负责保持账户记录，以便进行信息披露。

　　从现行储备管理体制来看，中央外汇业务中心的投资部由"三处一部"构成。投资一处、二处和三处可能执行投资委员会的部分职能，但同时交易处（部）还执行资产组合管理单元的交易职能。因而，现行储备管理体制同三层体系存在一定差别。

此外，良好的内部操作和风险管理还需要适格的、训练有素的管理队伍。同时，应当充分发挥可靠的信息和报告系统、独立的外部审计机构的重要作用。

（四）风险管理框架

风险管理框架寻求识别可能影响储备资产价值的风险，并通过度量风险暴露的程度来管理风险。在现行体制下，可以考虑加强中央外汇业务中心风险管理部中风险管理处的职能，做好以下三个方面的工作：（1）在货币持有和混合过程中，必须保持可转换货币的稳定可利用，同时将跨利率风险保持在可接受的范围内；（2）确定满足流动性、安全性要求的投资工具的允许范围，并且风险参数应当包括金融工具发行人的最低可接受信用等级要求；（3）制定利率或市场价格风险暴露的期限或久期要求。必要时，可以考虑将风险管理处升格为独立的风险管理委员会。

由于储备管理涉及许多金融及操作风险，因而应当建立一个能够连续识别和评价储备风险，并能够将风险控制在可接受范围内，具有如下特征的灵活框架：

①应当对"内部管理"的资产和"外部管理"的资产使用相同的原则；

②风险敞口应当能够被连续监控；

③风险管理应当能够揭示潜在的金融损失及风险发生时的后续损失；

④应当能够提示同衍生金融工具和其他外汇操作相关的风险；

⑤应当能够对外汇储备投资进行压力测试。

由于资产分配策略表现于代表着最优或给定储备管理目标和风险约束的基准组合中，因而包括名义规模、安全构成及再平衡规则等的基准组合必须被准确定义。此外，应当对外汇储备进行"分档"管理，并分流部分资产进行委托经营；应当甄别出具有良好声誉、优良业绩及稳健投资风格的外部资产管理人。为评价储备组合的风险及脆弱性，外汇管理局应当进行经常性的压力测试，以确定宏观经济和金融冲击的潜在影响。

同时，为充分利用外部监督机制，必须在一定程度上加大信息公开的力度。应当在《中华人民共和国政府信息公开条例》的指导下，适当扩大"依申请公开"信息的范围。

第二节 加强中国外汇储备管理的中期战略

一 坚定不移地推进以超额外汇储备支持战略物资储备制度建设

外汇储备是存放于国外，以外币计价的本国资产。以外汇形式存在的储备资产的损失，主要来自影响储备货币币值稳定的国内外两方面因素：一是储备资产存放国的通货膨胀率；二是储备货币汇率的变化。对中国持有的3.2万亿美元外汇储备而言，这种因储备货币购买力变化而产生的损失相当可观。

将货币资产转换为实物资产，既可以规避通货膨胀和汇率风险，又能够规避次贷危机和主权债务危机等风险，而且便于实现国家的多种战略意图。可以说，以部分外汇储备建立战略物资储备库，是立足长远发展、从国际战略高度出发、以资源枯竭背景为假想环境、应对后化石燃料时代能源危机的重要发展战略。

尽管许多学者都认为用过剩外汇储备购买战略物资可以规避储备管理的部分风险，但这一提议却受到了包括外管局局长易纲等在内的部分学者的反对。其主要顾虑就在于：一旦将规模巨大的外汇储备资金投入商品市场，将很难保证在不影响价格的情况下实现对大宗商品和物资的购买行为；用外汇储备购买大宗商品的代价可能是巨大的。

诚然，目前除美国债券市场外，寻求具有足够深度、能够容纳中国巨额外汇储备的商品实物市场的确十分困难，但相比美国国债具有更高的购买和持有成本绝不应成为否定以超额外汇储备建立战略物资储备制度的借口。从国家战略及可持续发展角度考虑，战略物资不仅关乎现代局部战争威胁下的国家安全，更关乎"人口红利"消失后未来发展的可持续性。同战略物资耗竭后的替代成本相比，相对购买金融资产稍高的持有成本对中华民族的伟大复兴是必要而可以承受的。更何况，本书讨论的是超出合意规模的部分过剩储备的"双向"实物化①过程，因而进入商品市场的资金规模将是有序可控的。在控制了资金流入的时间和节奏以后，外汇储备

---

① 双向实物化，指外汇储备和战略物资间的互动转换。在储备过剩时，可以更多地开展"外汇储备→战略物资"的转换；在储备不足时，则主要进行反向"战略物资→外汇储备"的转换。实际上，这一过程同央行公开市场操作的回购行为十分类似。

购买战略物资的成本将能够被限制在可接受的范围内。

以部分外汇储备为支撑、建立中国的战略物资储备制度，不仅具有重大的战略意义，而且便于进行实际操作，是十分现实可行的储备资产多样化投资管理策略。

首先，以超额外汇储备在国际市场上购买战略物资的行为，只是国家资产负债表各项目之间的彼此调整，在操作上可行性更强。当购买行为完成以后，在国家资产负债表上，也只是储备资产条目项减少，而相应的国家储备物资项目增加，在权属类别上并未改变资产的最终属性。这一做法，相比直接划拨等国家行政行为，在法律上更为妥当，更容易让国内外相关利益集团所接受；相比对中投公司注资等股权行为，投资风险更容易确定，对国内资本市场的影响也更小。

其次，以超额外汇储备购买战略物资储备的行为，可以在国际范围内回收美元流动性；若辅之以战略物资储备的卖出制度，则中国央行实际上充当了"美联储第二"的角色——虽然中国央行没有美元的发行权，但一定程度上拥有了美元流动性的部分管控权，在某种程度上能够获得一定的"准铸币税"收入，可能成为国际货币制度的一个重要发展——虽然在表面上仍然维持了美元霸权，但事实上削弱了美国对国际货币体系的控制，本质上可能有助于多元货币体制的演进，不失为中国参与国际货币体系改革及多元化储备管理的有益尝试。

再次，以超额外汇储备建立战略物资储备制度，对中国而言，可以规避二次结售汇风险，并减少外汇占款和冲销干预行为，解放中国的货币政策。

最后，以超额外汇储备建立战略物资储备制度，不仅能够规避汇率波动风险，而且将免于遭受主权债务危机等国际极端事件的外部冲击，可以有效降低外汇储备风险，保障储备资产安全。

当然，以超额外汇储备建立战略物资储备制度，最大的支出在于战略物资储备的运输及储存成本。此外，如何确定"战略物资"的内涵与外延；战略物资储备制度应当涵盖哪些主要品种等，都有待进一步讨论。实际上，战略物资是对国计民生和国防具有重要作用的物质资料，包括主要的工业品、农产品和矿产资源，按加工深度可分为原料、材料、半成品和制成品。其概念始见于 20 世纪 30 年代。第二次世界大战爆发前，许多国家（尤其是西方国家）根据第一次世界大战的教训，从扩军备战的需要出发，积极储备或控制铝、铬、石油等重要物资，从而逐步形成了战略物资的概念。最初，战略物资专指用于制造武器装备和军用物资的原材料，随着科学技术的进步及经济的发展，确定战略物资的着眼点已不局限于军事方面，而是立足国民经济的总体需要，因而战略物资的种类不断增加，范围不断扩大。

此外，在国际市场上大量买入大宗商品的行为可能会加剧市场动荡，催生资产泡沫。因而，适时、适度、适量、适速地以部分超额外汇储备建立战略物资储备库并按必要规则进行双向动态调节的行动步骤和具体模式，特别值得深入研究。在起步阶段，可以更多地借鉴日本等发达国家的已有经验。

二　积极参与东亚外汇储备库建设

作为清迈协议多边化的具体形式，2007 年 5 月东盟 10 + 3 财长会议决定成立自我管理的区域外汇储备库，各成员国央行分别划定一定数量的外汇储备建立规模为 800 亿美元的区域外汇储备库。2009 年 2 月，10 + 3 财长会议公布的《亚洲经济金融稳定行动计划》进一步将储备库的资金规模提高至 1200 亿美元。2009 年 5 月，10 + 3 各方对储备库的所有要素达成共识，并确定储备库开始运行的具体时间，这标志着清迈协议多边化取得了里程碑式的进展。

对中国而言，积极参与东亚外汇储备库建设，不仅能够获得参与区域货币金融合作的一般性好处，更能够有效支持人民币国际化及中国和平崛起等国家战略。首先，从外汇储备运营角度考虑，成熟有效的区域储备库运作机制将进一步扩大中国的外部融资边界，这在一定程度上能够降低中国的必要储备持有量，进而提高过剩储备规模，即造成"超额"储备对"适度"储备的替代。尽管这在一定程度上加剧了中国外汇储备的过剩局面，但其将在创新储备运用、实现国家利益方面为中国赢得更大的战略空间。其次，积极参与东亚储备库建设，将有效支持中国的"和平崛起"战略，发挥人民币的区域主导作用，扩大中国的金融版图，在一定程度上将东亚储备库最终发展成为亚洲货币基金等以中国为主导的、更高层次的区域货币金融合作形式奠定了基础。

尽管储备库形式上已经开始运作，但东亚储备库建设仍面临诸多问题。首先，储备库的效果尚待检验。自签署以来，货币互换协议从未被使用过。即便 2008 年在越南和韩国等出现外部融资困难之时，当事国仍在设法通过其他方式寻求外部融资，却不曾向储备库借款。这其中当然不乏初建储备库及援助经验不足等问题，但相对苛刻的贷款条件可能才是限制各国借款的主因。在现行东亚储备库的合作框架下，80%的贷款资金是同IMF的条件性贷款相配套的，能够自由运用的资金量仅为互换协议的20%。如何修订储备库的援助条件使其能够真正发挥作用尚需进一步研究。其次，储备库的治理结构仍不清晰。在表决方式上，具体是实行"绝对多数决"还是采用"协商一致"原则仍有待考虑；在机构设置问题上，是否设立以及在哪里设立秘书处协调各方利益尚存争议；更为重要的是，在平时储备库份额由成员国央行自行管理，但危机时如何统一整合仍需深入讨论。此外，有关建立区域经济风险监测机构的动议尚未破题。尽管总部设在新加坡的"东盟10+3宏观经济研究办公室"（ASEAN+3 Macroeconomic Research Office，AMRO）目前部分承担着监测职能，但其是否足以承担对区域经济风险进行早期研判及预警等实时监测任务，尚不明确。有关东亚储备库的开放性与排他性等问题仍需讨论。

因而，总的来看，中国如何在东亚外汇储备库建设中发挥更大的乃至主导作用，仍然需要深入研究。目前，可以考虑有条件地扩大出资——以获取运营治理权或人事任免权承诺等多种方式，有条件地让渡部分资金的管理权，保留必要的所有权——以相对较低的贷款成本、更加便利的申请条件为参与国提供更具时效性的资金援助，切实发挥东亚储备库的作用。为此，承担一定的机会成本是可以接受的。

三 尽快研究以过剩外汇储备充实养老金的途径和方式

1990年代以来，"双顺差"支持了中国外汇储备的持续增长。从长期来看，经常项目顺差可能随着一国产业政策的调整和贸易结构的升级而趋于平衡。同时，在人民币汇率制度日臻完善以及中国由资本匮乏向资本充裕国转变的过程中，国外资本的净流入最终也可能会趋于均衡。因而，中国外汇储备的快速累积在长期可能是不可持续的。从代际（Generation）公平角度考虑，目前的巨额外汇储备实际上包含了应属于后代的外汇资源。据此，在外汇储备管理过程中，应当充分考虑外汇资源的跨期平滑问题。

此外，尽管强制结售汇制度已经退出历史舞台，但不可否认的是其在储备形成过程中发挥过重要作用。改革开放初期，为调剂外汇余缺，强制结售汇实际上以牺牲私人持汇所能获得的社会福利的方式为国家用汇需求进行融资。将近三十年的储备累积过程，实际上形成了较大的社会成本。因而，当储备规模远超适度水平之时，外汇管理局的储备管理行为应当更多兼顾反哺社会、增进福利等现实问题。

从实际操作来看，外汇储备是政府运用过去、现在和未来的税收购买的国家外汇资产。其"取之于民"的本质决定了应当考虑"用之于民"的途径和方式。

可行的方案是类似挪威主权养老基金和澳大利亚主权养老基金"未来基金"（Future Fund）的做法，成立专门的海外投资基金，将获取的未来投资收益通过充实养老金账户的方式最终分配给普通民众。当然，在这一过程中，需要认真研究外汇储备向主权养老基金转移的规模、海外投资收益充实国内养老金账户的途径、监管的法律框架等具体运作问题。

四　拓展外汇储备投资类别，实现国家资源的全球战略配置

在改革开放的巨大历史成就的基础上，中国经济的未来发展将更加深刻地融入全球经济一体化进程中。着眼于全球资源的战略配置，理应成为中国经济未来发展的立足点。外汇储备管理体制改革，也应当有机地融入中国的全球化发展战略当中。

面对外汇储备的持续累积，当务之急是拓宽外汇储备的多渠道运用。这既包括持有机构的多元化，更包括外汇资产投资领域的多样化。必须要将一味购买美国国债的简单投资行为，转变成多渠道化解储备风险的对外投资项目，包括收购矿产、石油、黄金等领域世界一流的资源型跨国公司的股权。一方面，收购资源型企业股权可以获得定价话语权和垄断收益；另一方面，购买跨国公司股权比直接投资资源产品更具流动性优势，持有成熟公司股权的风险相比对外进行 FDI 的风险更加可控。

在目前的国际环境下，同战略投资相比，金融投资的风险可能更高。考虑到中国目前有限的金融人才、尚不发达的金融发展水平以及可能存在的制度约束，收购陷入困境的欧美金融机构和投资银行并非性价比最高的投资方式。国内许多学者都认为，央企国际化，特别是借助大型央企国际化实现对矿产资源的战略投资，将是化解外汇储备过剩困境的重要渠道。在中国金融业发展尚处于萌芽期之时，迫切需要培养一批资源能源行业的大型央企通过收购跨国公司股权制约并控制大型跨国公司的垄断定价权。这要比通过金融机构去控制国际金融市场的期货、期权等衍生品价格更加符合中国国情。

　　另外，可以考虑适当变"金融资产"为"经济资源"，在一定范围内用过剩储备购买重要的稀缺资源。尽管这一做法可能会承担一部分储存及运输成本，但相比于资源耗竭以后所能实现的国家利益而言，必要的持有成本并不构成问题。中投公司副总经理汪建熙就曾明确表示，将中国外汇储备投资于海外能源、资源、农业和高技术领域能够获益，并同时建议研究用外汇储备购买海外消费品的可能性。李扬、余维彬和曾刚（2007）认为，为外汇储备找到规模巨大且稳定的非金融用途，能够化解储备增长过快的问题。夏斌和陈道富也曾表示，应将部分外汇储备投资于对中国具有战略重要性的领域，如高科技领域、环保技术和黄金储备等。

　　然而，当今世界，无论是在英美法系国家，还是在大陆法系国家，牵涉外国投资者的重大并购重组行为通常需要经过所在国反垄断部门及国家安全机构的审查批准，当存在国际市场垄断可能性时甚至需要经过多个国家的审查批准。因而，除并购成本较高外，投资计划往往历时长久并可能最终流产。中投公司的管理人士就曾明确表示，公司在考虑向美国等西方国家进行投资时受阻，其拒绝理由往往是基于国家安全。因而，在实际运作过程中，可以考虑通过注册离岸公司（如在开曼群岛注册海外公司），绕开西方国家的政治审查，拓展海外投资业务。

五　有限参与欧洲救助计划

　　2010年，在欧元区各国经济举步维艰之际，中国政府做出了将支持欧元的明确表态，并相继购买了希腊、葡萄牙和西班牙等国的政府债券。在对外汇储备进行多元化配置的同时，中国也面临着来自部分欧洲国家主权债务危机前景不明的挑战。参与欧洲救助计划至少在以下三个层面有助于实现中国的和平崛起战略：一是将在政治层面树立起中国作为负责任的大国的国际形象；二是能够通过金融援助换取部分欧洲国家在中国问题上的中间立场，寻找打破美国对华包围战略的突破口；三是可以借机发展中欧互惠战略伙伴关系，有助于解决美国对华技术封锁等症结性难题。

　　2011年10月，欧洲金融稳定基金（European Financial Stability Facility）负责人 Klaus Regling 在北京曾就相关议题同国家外汇管理局举行了会谈。此后，双方仍保持着定期接触。EFSF 的报告显示，在 Regling 访问北京之前，2011年上半年发行的130亿欧元的 EFSF 债券中，有14%—24%是由日本之外的亚洲国家购买的，而这其中最主要是由中国购买的。时任中国国务院总理温家宝还曾在多个场合表示将支持欧洲重建计划。这表明，中国政府已经将参与欧洲救助视为实现储备投资多元化及创新储备运用的途径之一。当然，在加大对欧洲投资力度的同时，必须要认真思考购买 EFSF 债券的适度性及未来的退出问题。以风险可控的方式有限参与欧洲救助计划，将是国家外汇管理局一项重要的中期战略。

第三节　提升中国外汇储备管理的长期战略

一　稳步推进人民币国际化

人民币国际化，是中国和平崛起的一项重要国家战略。持有大量外汇储备，实际上相当于对外国政府发放规模巨大的无偿贷款，同时还要承担通货膨胀税。人民币国际化以后，将显著提升中国以本币进行国际融资的能力。届时，不仅可以减少因使用外汇而引发的财富流失，更可以获得国际铸币税收入，为中国利用资金开辟新的渠道。

陈雨露和张成思（2008）认为可以借助人民币国际化实现中国外汇储备管理的战略调整。Cheung 等（2011）也建议将中国的外汇资产"人民币化"。所谓中国外汇资产的"人民币化"，就是将中国对世界其他国家的权益以人民币进行计价。其实质乃是"人民币国际化"的另一种表述。次贷危机后，国际货币体系改革及区域性货币金融合作成为潮流。后危机时期的"人民币国际化"，是对世界经济再平衡的有益探索，其显然要同此前有所区别，并应当更加适应后危机时期的国际环境。石凯和刘力臻（2012）对此有过详细论述。

后危机时期，中日两国对东亚其他经济体的竞争压力出现了明显的分化：中国同东亚经济体竞争日趋严重，日本与东亚其他经济体的竞争趋于缓和，区域内来自中国的竞争压力正在超过来自日本的不对称竞争压力。东亚各经济体保持对人民币汇率稳定的要求日趋大于保持对日元汇率稳定的要求。然而，从复杂的政治格局和历史文化传统来看，人民币和日元均不具备单独主导区域货币金融合作的能力：从日元的角度来看，日元的国际化并不成功，且再难成为东亚经济更重要的贸易伙伴和区域核心，经济衰退、产业空洞化以及人口老龄化等问题都将动摇其区域核心市场提供者的地位；从人民币的角度考虑，由于存在金融市场开放、金融体系脆弱性和货币非自由可兑换等方面的问题，现阶段人民币尚无法独自肩负起区域主导货币的角色。东亚货币合作难以出现"独一统"的格局。

从东亚经济一体化的角度分析，中国经济的高速发展某种程度上是充分利用改革开放条件及经济全球化的结果。开放条件下的经济崛起使得中国经济同世界经济（特别是东亚经济）紧密相连，并形成十分重要的"共生依存"关系。人民币国际化，必须同时考虑对外部经济的影响和东亚经济一体化的制约：一方面，通过积极参与东亚货币金融合作消除人民币国际化的内在缺陷；另一方面，以区域合作的集体行动抵消外部压力，削减人民币国际化的成本。从减少对美元过度依赖的角度考虑，人民币区域化也有利于推动东亚货币合作向实质性阶段发展。因此，人民币国际化和东亚货币金融合作是相辅相成、相互促进的。以中国为枢纽的东亚出口贸易网络对外部市场的依赖，既增加了人民币国际化所面临的挑战，同时也限制了人民币国际化路径选择上的自由：一方面，人民币直接国际化存在困难，只能从区域化循序渐进地寻求发展；另一方面，也预示着人民币可以通过"区域化"在某种程度上（区域内）使东亚地区摆脱对美元的依赖。现阶段，国际货币体系难于从根本上进行调整，在全球范围内为人民币国际化创造制度基础并不现实。然而，在"东亚共识"的框架下，通过发挥中国在东亚地区的影响力、进行双边或多边制度安排，可以为人民币的"准国际化"和"区域化"起到推波助澜的作用。更为重要的还在于，在现阶段东亚货币金融合作的基础上，有关人民币区域化的某种正式或非正式制度安排，是可以磋商的。

在市场层面上，东亚各经济体实体经济的联系日趋紧密，中国经济在区域内正发挥着日益重要的作用。中国—东盟自由贸易区的建立使得中国作为区域内最大"市场提供者"的地位得以加强。酝酿已久并在稳步推进的清迈协议多边化预示着区域金融合作可能产生重大突破。在区域内，人民币显然具有无与伦比的巨大吸引力。现阶段，国际经贸格局和货币体系变革难于一步到位：一方面，现行体制具有一定的持续性，需要在局部和区域层面逐步推进国际货币体系的多元化；另一方面，人民币难以直接国际化，通过"区域化"提高其地位和影响是不错的选择。在这一意义上，人民币国际化、东亚货币金融合作以及国际货币体系改革三者相辅相成。人民币需要通过"区域化"推进"国际化"。加强"泛人民币次区域合作"是比较现实的选择。

"泛人民币次区域合作"有两个合作基础，一是人民币"周边化"，二是已建立自贸区。人民币在境外的大规模流通始于东亚金融危机，其币值在危机期间的稳定增强了周边国家对人民币的信心，从而既启动了人民币"周边化"的进程，也为"泛人民币次区域货币金融合作"奠定了基础。人民币的"周边化"借助了两个重要的大国优势：一是国民财富增加后催生的庞大旅游需求；二是政治经济大国的区域影响力。通过旅游、侨汇、投资和边贸等多种渠道，人民币在蒙古国、印度尼西亚、新加坡、越南、老挝北部、缅甸掸邦东部和泰国清迈府北部等得到了广泛的接受和使用。作为支付和结算货币，人民币在越南已被广泛接受：中越边贸及旅游、投资等延展领域95%以上使用人民币结算，使用地区已扩展至越南内地。在缅甸东部，人民币已取代缅币成为主要流通货币（卢皓，2007）。可见，人民币在周边国家具有广泛的流通基础。六部委联合推出的人民币跨境贸易结算试点及境外直投人民币结算试点，将在此基础上全面扩大人民币在周边国家的流通范围。从国际经贸合作规律看，随着国际自由贸易区的深入发展，必将带来区域内货币合作的需求。中国—东盟自由贸易区的建立和深入发展，将为中国同东盟（部分或全体成员国）率先进行"泛人民币次区域货币金融合作"奠定基础。

　　以中国香港为依托建立人民币离岸金融市场、积极参与亚洲债券市场建设，是"泛人民币次区域合作"的重要推力。人民币国际化在未来面临着两大挑战：一是资本账户的完全可自由兑换；二是成为在境外广泛流通、被用于国际结算、投资和储备的国际货币。诚然，资本账户自由可兑换将会令人民币国际化来得更快，但这显然不利于控制投机风险，在短期内无法破题。现阶段，资本账户的开放并非人民币国际化的最大挑战。对很多海外人民币持有者来讲，如何对冲人民币汇率风险、如何进行有效的人民币投资才是最大的难题。现有的人民币汇率风险对冲工具显然不足[①]，RQFII、香港股票市场人民币IPO、对境外机构开放银行间债券市场及香港人民币债券市场等，都是境外人民币投资的重要渠道。目前，人民币在香港地区可通过人民币→港币→其他硬通货这一渠道，以港币为过渡，间接地将资本项目自由化和国际化进程合二为一。从国际金融发展史角度分析，香港成为境外人民币存贷结算中心，和伦敦当年成为境外美元的离岸中心非常相似。这意味着人民币事实上在通过香港走向国际化。离

---

① 海外人民币无本金交割期权虽是一种可选工具，但该市场深度仍然有限。

岸市场建设是人民币区域化的关键一步。在"泛人民币次区域合作"中，香港人民币离岸市场建设的重要意义不言而喻：监管部门可以将境外流通的人民币纳入银行体系，便于掌握人民币境外流动规模的变动情况，继而制定相应的措施；LIBOR① 的发展表明，人民币离岸市场在香港的发展将促成一个完全市场化的人民币利率体系；人民币离岸市场的发展也可以为外汇干预提供参考；人民币离岸市场在香港的发展还能够促使中国—东盟自由贸易区框架内各成员的经贸联系更加紧密。如果"泛人民币次区域合作"发展得足够好，那么其将有可能成为亚洲地区"去美元化"的前哨，从而进一步推进中国内地与亚太地区经济的深度合作。

近年来，亚洲债券市场建设汇集了多方关注：快速发展的区内贸易和投资需要一个具有深度的、一体化的区域金融市场以及与之配套良好的金融基础设施；发展区域债券市场在一定程度上能够缓解东亚国家对外债务中存在的期限配错和币种配错问题，同时亦有助于改善国内对银行系统的过度依赖；发展区域债券市场有助于在本区域内吸收各经济体大规模的外汇储备；发展区域债券市场可以鼓励在本地区贸易和金融交易中使用本地区货币。尽管日本、泰国、新加坡、韩国在亚洲债券市场合作中表现活跃，但现阶段发展区域债券市场仍然存有诸多障碍②。就中国而言，巨额外汇储备显然在信心层面和实质上有助于其在亚洲债券市场建设中发挥更大的作用。作为区内重要的国际金融中心，香港当仁不让地肩负着中国参与亚洲债券市场建设的重任。近期，香港人民币债券市场的一系列新变化③均显示出，香港已经做好了参与亚洲债券市场建设的准备。

人民币国际化是一个漫长的过程，至少需要 20—30 年的时间。IMF 改革未将人民币纳入 SDR 的计算范围也说明了目前人民币尚不具备国际化的条件。环视东亚各国，人民币国际化刚刚起步，日元国际化并不成功，美元仍是实际上的"锚货币"，东亚货币合作似乎处于一种十分尴尬的境遇：短期内，摆脱美元寻找新的货币锚并不现实；建立亚洲货币单位仍是个构想；10＋3 合作机制缺乏有效的约束及实质性成果；东亚强势货币间的合作意向淡薄；现阶段人民币或日元都难以独自主导东亚金融合作

---

① 即，伦敦银行间同业拆放利率（London Interbank Offered Rate）。
② 本地区大多数国家的国内债券市场不发达，而且普遍存在资本管制。
③ 例如，以人民币结算债券的发行数量逐渐增加、发行机构愈发多元化、"点心"债券在一定程度上取代纯美元债券发行等。

格局。对国际化刚刚起步的人民币而言，直接主导东亚货币金融合作的难度较大，时机尚不成熟。为了更好地实现国际化战略，人民币似乎应当借道中国—东盟自贸区，曲线发展"次区域货币合作"；创建人民币离岸金融中心，完成从"次区域货币合作"到"泛人民币区"的过渡，为人民币区域化和国际化准备条件，继而同日本等东亚重要经济体合作，共同推进东亚货币一体化。

鉴于欧洲货币联盟的教训，区内强势货币升格为国际区域货币的合作模式不失为一种更优选择，因此，人民币东亚化应该成为东亚货币合作的最佳前景。东亚的货币合作可以独辟蹊径，逐步走出从区域内的货币互换合作、同人民币联动的有管理的汇率合作、区域货币基金合作，到次区域内人民币有限替代本地货币，再到人民币东亚化的合作路径。

就目前而言，中国应当做好以下几方面的工作：

稳定宏观经济，保持人民币汇率稳定，增强人民币作为"锚货币"的吸引力，不可持续过快升值。在推进人民币周边化的同时，要保证国内经济稳定，有效狙击和遏制通胀，保持宏观经济及增速稳定。加强中国汇率制度和货币政策的透明度，增强国内宏观调控的稳定性和准确性，避免国内货币政策矫枉过正。保持人民币币值的对内及对外稳定，适时考虑将中美利率联动机制纳入货币监管体系。在中国—东盟自贸区的基础上，强化中国最终市场提供者地位，为区内成员国汇率安排——有管理地同人民币联动、最终同美元脱钩——做好准备。稳定或消除人民币升值预期，确保他国能够对人民币币值进行准确估计继而做出汇率安排。当然，为实现东盟成员国汇率制度同美元脱钩、同人民币挂钩，保持人民币兑美元的汇率稳定是十分必要的。

加强离岸人民币市场建设，稳步推进金融市场改革和创新，拓宽人民币投资渠道。着力推进香港人民币离岸金融中心建设，有条件、分步骤地实施香港人民币 IPO 计划、加强人民币离岸债券市场建设及外汇市场建设，拓宽境外人民币投资渠道，增加境外人民币回流机制。推进国内金融体系改革，加强金融风险防控，配合资本项目的开放，进一步开放国内债券、股票等金融市场。推进上海国际金融中心建设，增加离岸金融中心同在岸金融中心的联系，扩展大陆同港、澳、台货币金融合作的范围和机制。不失时机地推进"一国、两岸、三地、四币"的整合，为建立统一货币区做好准备。

推进"泛人民币区"要素市场建设。在自贸区基础上，逐步开展生产要素跨境流动方面的合作，为建立"大中华经济圈"进行商品市场和要素市场方面的准备。在人民币周边化基础上，逐步建立起"泛人民币区"，并在此基础上积极开展同日元的合作，为最终实现东亚货币一体化创造条件。

二　加紧变"存汇于国"为"藏汇于民"

面对超过3万亿美元的外汇储备，以美国为首的贸易逆差国对中国的外汇管理政策颇有微词，甚至欲将中国列入汇率操纵国之列。国内许多学者在为汇率政策进行辩解的同时，往往将储备增长归咎于已经废止的"强制结售汇"制度。

在20世纪90年代的"外汇荒"时期，强制结售汇确实调剂了外汇余缺，在一定程度上满足了国家用汇需求。然而，随着"双顺差"格局的形成，强制结售汇显得愈发不合时宜。当外汇储备规模远超合理水平之际，继续实行"强制结售汇"不仅扩大了中国外汇储备边界，更对外汇管理局的投资管理能力提出了挑战。变"存汇于国"为"藏汇于民"已经成为一项重要的国家战略。

事实上，始建于1994年的强制结售汇制度是外汇短缺时代的产物。当时要求除国家允许开立的外汇账户外，企业的经常项目收入应当全部卖给外汇指定银行。此后，随着外贸形势的变化，外汇管理局曾不断放宽企业开户条件，提高账户限额。2002年，更取消了开户限制，凡有外贸经营权或有外汇收入的企业均可根据自身经营需要自行保留经常项目外汇收入。2006年起，外汇账户开户无须事前审批。2007年起，企业可以根据自身经营需要自行保留经常项目外汇收入。2008年，修订后的《外汇管理条例》明确，经常项目外汇收入可以自行保留或者卖给银行。2011年1月1日起，企业出口收入可以存放境外，无须调回境内。强制结售汇，实际上已经不再实施。

此外，管理层也早已表露了推进外汇管理体制改革的决心。外管局局长易纲于2012年3月在中山大学岭南学院和财新传媒共同主办的"第一届岭南论坛"上就明确表达了准备实行"藏汇于民"政策的打算。目前，中国实际上在积极鼓励居民持汇用汇：经常项目已实现完全可兑换，居民用于货物贸易、服务贸易等经常项目用途的购付汇需求已得到充分满足；资本项目下除对一些风险较大的国际收支交易存在部分管制外，企业对外直接投资，企业和个人通过 QDII 投资海外资本市场等渠道均无政策障碍。但由于存在汇差、利差及人民币升值预期，目前企业和个人的结汇意愿依然较为强烈。相形之下，"藏汇于民"的主要障碍并不在于制度，而在于涉汇主体的持汇意愿。要增强居民的持汇意愿，至少应当做好以下两方面的工作：一是加紧完善人民币汇率形成机制，稳定人民币升值预期；二是研究扩大居民持汇的有效投资渠道。可以考虑扩大 B 股融资规模、出台刺激 B 股交易的利好政策，甚至可以考虑推出境内外汇（转）融资计划。从调整持汇意愿的角度考虑，证监会近期推出的"B 转 H 股"计划显然不利于实现"藏汇于民"。

三 努力实现内外经济均衡发展

中国的巨额外汇储备实际上是世界经贸不平衡、内外部经济不平衡以及产业发展不均衡的外在表象。对于中国这样一个"总量大而人均小"的发展中国家，在国内贫富差距日渐扩大之际，持续累积外汇储备并投资于美欧发达经济体，无异于"劫贫济富"。在国内企业国际化初见端倪之际，巨额外汇储备①的海外投资行为都可能存在"挤出效应"。在国内部分中央政府机构和地方政府债台高筑之时，仍将大量资金廉价地借给欧美等问题经济体，无异于给病入膏肓的世界经济注射了一剂吗啡：尽管在一定程度上能够止痛，却无益于解决实际问题。要想从根本上解决中国外汇储备安全问题，还需从其持续累积的经济根源入手。

"双顺差"是外汇储备持续累积的直接原因。而"双顺差"背后隐藏的是国内扭曲的外贸、产业和汇率政策。长期以来实行的出口导向型战略是储备增长的重要原因。在世界经济问题不断、中国出口贸易优势日渐消退之时，尽快转变发展方式、寻找新的经济增长点将是未来工作的重点。"十二五"期间，加快转变经济发展方式是科学发展的主线，将贯穿经济社会生活的始终。目前，应采取综合措施，推进经济结构调整，从根本上减缓外汇资金流入压力，促进国际收支趋向基本平衡。十八大报告明确提出要"保持对外贸易新优势"和"扩大内需"。内外部经济均衡发展将在一定程度上缓解中国外汇储备持续累积而苦于投资管理的困境，是化解中国外汇储备风险的重要环节。

总之，对外汇储备管理而言，国家外汇管理局需要做好短期战术安排

---

① 包括由中投公司管理的主权财富基金。

和中长期战略布局；需要兼顾经济利益和政治收益；需要统筹国内和国外发展；需要关注国家福利和社会民生；需要协调制度的稳定性和政策的灵活性。

本章小结

在全球经济再平衡的复杂国际环境下，国家外汇管理局需要建立长短期兼顾、以国家利益为核心、战略战术通盘摆布的外汇储备管理体系。具体应做好以下三方面的工作：

首先，在短期对策方面，应将主权资产负债管理框架"中国化"，抓紧建立中国的战略外汇储备风险管理体系；建立适度储备规模的动态评价标准，寻找合法合规及经济成本较小的"常态化"储备规模调整机制；按照动态最优路径调整币种及资产结构；强化内外部风险监控体系，稳步推进外汇储备委托经营步伐；积极完善外汇储备管理制度，建立外汇储备结构优化指数，及时调整资产组合同"基准"组合的偏离。

其次，在中期战略方面，要坚定不移地加速推进战略物资储备制度建设；积极参与东亚外汇储备库建设；抓紧研究以过剩外汇储备补充养老金不足等问题，实现储备资产在代际间的公平分配；加大海外并购力度，拓宽储备投资渠道，购买先进科技和重要战略资源，变过剩外汇资产为国家战略资源；在适度范围内以部分过剩储备参与解决国际区域问题，配合实现其他国家战略。

最后，在长期战略方面，应进一步推进人民币汇率制度改革，创建"藏汇于民"的制度环境和市场基础；稳步推进人民币国际化战略；加快国内产业结构调整，缩小贫富差距，实现内外部经济及中国与世界经济的再平衡。

结　论

本书从适度规模管理、币种结构调整、资产配置安排及外储与外债协同优化四个维度探讨了中国外汇储备管理问题。

围绕中国外汇储备规模优化议题展开的研究发现：第一，外汇储备累积有助于中国举借更多外债，在一定程度上引起短期外债对长期外债的替代；有助于提高国内产出，确实形成了一定短期通胀压力，但对降低失业率起到了积极作用。第二，1990—2011 年间，中国外汇储备规模大体经历了 1990—1996 年及 2000—2004 年的"显著不足"、1997—1999 年的"基本适度"和 2005 年至今的"显著过剩"三个不同阶段；2009 年以后，中国外汇储备的过剩规模在 1 万亿—1.2 万亿美元。第三，国家外汇管理局应当以"8.1 个月进口 + 短期外债的 1.91 倍 + 实际利用外资的 15%"作为基本评价标准对中国外汇储备的适度性进行动态监管；"发行特别国债购买外汇储备向中投公司注资"的操作模式可以作为超额储备调节机制被"常态化"。

围绕中国外汇储备币种结构优化议题展开的研究发现：第一，中国外汇储备可能由 60%—65% 的美元、25%—30% 的欧元、5%—7% 的英镑以及 3%—5% 的日元资产组成。第二，后美元霸权时期，过高的美元资产比重使得中国外汇储备的风险敞口日益增大；疲弱的美元以及过高的美元资产比重已成为中国外汇储备风险的重要来源。第三，按照动态最优路径将外汇储备中的美元资产转换为日元可以有效降低风险，切不可盲目减持欧元。

围绕中国外汇储备资产结构优化议题展开的研究发现：第一，中国国际储备的 97.74% 为外汇储备，1.63% 为黄金储备，0.36% 为特别提款权，0.27% 为在国际货币基金组织的头寸；外汇储备可能由 95% 的证券、2% 的货币和存款（包括存放在其他中央银行、国际清算银行和国际货币基金组织以及外国银行的资产）以及 3% 的其他金融工具（包括债券回购、同业拆放、外汇掉期、外汇期权、货币互换及其他金融衍生产品等)构成;证券资产由90%的长期债券和1%的短期债券(包括国债、政府机构债和公司债)以及9%的股权组成。第二,中国外汇储备中的股权投资仍显不足;外汇储备对美国国债的投资不存在市场择时问题。第三,为提高投资效益,应当对中国外汇储备进行"分档"管理。在美元资产替代物有限的情况下,必要储备部分应当继续保持主要投资长期美国国债的一贯作风;超额储备部分则应寻求更大的投资收益。

围绕中国外汇储备与外债协同优化议题展开的研究发现:第一,对中国外汇储备和外债进行协同优化是关系到中国经济稳定发展的重要任务。第二,截至2012年6月末,中国外债余额为7851.72亿美元;从期限结构和币种构成来看,中长期外债占25.08%,短期外债占74.92%;美元债务占77.77%,欧元债务占7.51%,日元债务占6.99%,其他债务合计占7.73%。第三,为降低利率及再投资风险,免疫策略要求外汇管理局调整所持债券组合的久期尽量向目标外债的久期靠拢;现金流匹配策略要求外汇管理局权衡考察期内储备资产和外债的现金流;目前一个阶段,外汇储备管理应当采取"资产先于负债重新定价"的原则,努力寻求正的ARBL缺口,至少能够(在短期)从利率上升中获益。第四,为实现外汇储备与外债协同优化,国家外汇管理局首先必须建立资产负债协同管理的"大宏观"体系;其次需要进一步完善对外统计制度;最后应当加强队伍建设,提升管理团队的业务水平。

为更好地管理中国的外汇储备,在短期战术安排上,应建立战略外汇储备风险管理框架;制定外汇储备适度规模的动态评价标准;按照动态最优路径调整外汇储备币种结构;完善外汇储备委托经营体制;构建外汇储备结构优化指数;完善以风险管理为核心的外汇储备管理体系。

在中期战略方面,要坚定不移地推进以超额外汇储备支持战略物资储备制度建设;积极参与东亚外汇储备库建设;抓紧研究以过剩外汇储备补充养老金的途径和方式;拓展外汇储备投资类别,实现国家资源的全球战略配置;有限参与欧洲救助计划。

在长期战略方面,应稳步推进人民币国际化;加紧变"存汇于国"为"藏汇于民";努力实现内外经济均衡发展,积极寻求中国与世界经济再平衡。

参考文献

［1］北京师范大学金融研究中心课题组：《如何界定和保持中国外汇储备的适度规模》，《国际经济评论》2007年第3期。

［2］陈伟忠、罗素梅：《论外汇储备资产优化配置的目标和原则——基于多层次需求与功能演变的视角》，《现代经济探讨》2012年第9期。

［3］陈雨露、张成思：《全球新型金融危机与中国外汇储备管理的战略调整》，《国际金融研究》2008年第11期。

［4］樊纲、王碧珺、黄益平：《国家间货币互持：实现储备货币多元化的一种区域合作机制》，中国国际经济交流中心与亚洲开发银行研究院"储备货币多样化的国际研讨会"，北京，2010年。

［5］管瑞龙、杨志：《中国外汇储备损益与人民币汇率制度改革》，《上海金融》2011年第11期。

［6］韩立岩、魏晓云、顾雪松：《中国国际储备战略调整方向》，《中国软科学》2012年第4期。

［7］何帆、陈平：《外汇储备的积极管理：新加坡、挪威的经验与启示》，《国际金融研究》2006年第6期。

［8］黄益平：《美债危机或将重创中国外汇储备》，《新世界》（周刊）2011年8月8日。

［9］黄泽民：《用黄金替代美元化应该成为我国国际储备的战略选择》，《经济界》2010年第6期。

［10］孔立平：《全球金融危机下中国外汇储备币种构成的选择》，《国际金融研究》2010年第3期。

［11］李翀：《我国外汇储备若干问题研究》，《中山大学学报》（社会科学版），2010年第1期。

［12］李杰、陈婧、张礼卿：《外汇储备管理与实际汇率制度选择》，《中央财经大学学报》2012年第5期。

[13] 李巍、张志超：《一个基于金融稳定的外汇储备分析框架——兼论中国外汇储备的适度规模》，《经济研究》2009 年第 8 期。

[14] 李卫兵、杨鹏程：《中国外汇储备利率风险的测度》，《统计研究》2012 年第 5 期。

[15] 李杨、余维彬、曾刚：《经济全球化背景下的中国外汇储备管理体制改革》，《国际金融研究》2007 年第 4 期。

[16] 刘澜飚、张靖佳：《中国外汇储备投资组合选择——基于外汇储备循环路径的内生性分析》，《经济研究》2012 年第 4 期。

[17] 刘莉亚：《新汇率制度下我国外汇储备最优币种结构配置的理论分析与实证计算》，《财贸经济》2009 年第 11 期。

[18] 卢皓：《中缅、中老边境人民币流通状况调查与思考》，《时代金融》2007 年第 9 期。

[19] 罗素梅、周光友：《外汇储备适度规模度量模型研究：基于功能演变的视角》，《中央财经大学学报》2011 年第 7 期。

[20] 聂溱、李金林、任飞：《关于长期债券是长期投者无风险资产的研究》，《数理统计与管理》2007 年第 2 期。

[21] 盛柳刚、赵洪岩：《外汇储备收益率、币种结构和热钱》，《经济学》（季刊）2007 年第 6 卷第 4 期。

[22] 石凯、刘力臻：《后危机时期的人民币国际化问题研究》，《亚太经济》2012 年第 1 期。

[23] 石凯、刘力臻、聂丽：《中国外汇储备币种结构的动态优化》，《广东金融学院学报》2012 年第 6 期。

[24] 宋晓东、韩立岩：《基于均值——CVaR 模型的外汇储备币种配置研究》，《北京航空航天大学学报》（社会科学版）2012 年第 2 期。

[25] 王永利：《重新审视外汇储备的本质》，《中国金融》2011 年第 9 期。

[26] 王永中：《中国外汇储备的成本、风险与对策》，《当代世界》2012 年第 2 期。

[27] 王永中：《中国外汇储备的构成、收益与风险》，《国际金融研究》2011 年第 1 期。

[28] 王元龙：《中国外汇储备的安全性研究》，《广东金融学院学报》2006 年第 2 期。

[29] 吴念鲁、贾彦龙：《以新思维审视中国外汇储备风险》，《广东金融学院学报》2010 年第 1 期。

[30] 谢平、陈超：《论主权财富基金的理论逻辑》，《经济研究》2009 年第 2 期。

[31] 杨胜刚、龙张红、陈珂：《基于双基准与多风险制度下的中国外汇储备币种结构配置研究》，《国际金融研究》2008 年第 12 期。

[32] 杨艺、陶永诚：《中国国际储备适度规模测度 1994～2009——基于效用最大化分析框架的数值模拟》，《国际金融研究》2011 年第 6 期。

[33] 张斌：《亚洲经济体是否应该在外汇储备中增加亚洲货币资产——基于中国的答案》，《国际金融研究》2011 年第 3 期。

[34] 张斌：《中国对外金融的政策排序——基于国家对外资产负债表的分析》，《国际经济评论》2011 年第 2 期。

[35] 张斌、王勋、华秀萍：《中国外汇储备的名义与真实收益率》，《经济研究》2010 年第 10 期。

[36] 张燕生、张岸元、姚淑梅：《现阶段外汇储备的转化与投资策略研究》，《世界经济》2007 年第 7 期。

[37] 张志超：《最优国际储备理论与测度：文献述评》，《华东师范大学学报》（哲学社会科学版），2009 年第 2—3 期。

[38] 赵振宇、刘善存：《制度因素对我国国际储备的惯性影响》，《管理评论》2012 年第 1 期。

[39] 钟伟：《将中国外汇储备捆绑在全球经济的列车上》，《国际经济评论》2011 年第 5 期。

[40] 周光友、罗素梅：《外汇储备最优规模的动态决定——基于多层次替代效应的分析框架》，《金融研究》2011 年第 5 期。

[41] 朱孟楠、陈晞：《次贷危机后的中国外汇储备管理策略》，《上海金融》2009 年第 1 期。

[42] 朱孟楠、喻海燕：《中国外汇储备有效管理与现实选择》，《财经理论与实践》2007 年第 5 期。

[43] Triffin R . Gold and the Dollar Crisis: The Future of Convertibility [M] . New Haven, Conn. : Yale University Press, 1960.

[44] M. June Flanders. The Demand for International Reserves [C], *Essays*

in International Finance Section, Department of Economics, Princeton University in Princeton, N. J. , 1971.

[45] Frenkel J. A. . The Demand for International Reserves by Developed and Less – developed Countries [J] . *Economica*, 1974, 41: 14 – 24.

[46] Milton A. Iyoha. Demand for International Reserves in Less Developed Countries: A Distributed Lag Specification [J] . *The Review of Economics and Statistics*, 1976, 58 (3): 351 – 355.

[47] Heller H. R. . Optimal International Reserves [J] . *The Economic Journal*, 1966, 76: 296 – 311.

[48] Agarwal J. . Optimal Monetary Reserves for Developing Countries [J] . *Review of World Economics*, 1971, 107 (1): 76 – 91.

[49] Hamada K. and K. Ueda. Random Walks and the Theory of Optimal International Reserves [J] . *TheEconomic Journal*, 1977, 87: 722 – 742.

[50] Frenkel J. A. and B. Jovanovic. Optimal International Reserves: A Stochastic Framework [J] . *The Economic Journal*, 1981, 91: 507 – 514.

[51] Avraham Ben – Bassat and Daniel Gottlieb. Optimal International Reserves and Sovereign Risk [J] . *Journal of International Economics*, 1992, 33: 345 – 362.

[52] Jeanne O. and R. Rancière. The Optimal Level of International Reserves for Emerging Market Countries: Formulas and Applications [DB/OL] . http: //www. imf. org/external/pubs/ft/wp/2006/wp06229. pdf, *IMF Working Paper*WP/06/229 , 2006.

[53] Jeanne O. . International Reserves in Emerging Market Countries: Too Much of a Good Thing? [J], *Brookings Papers on Economic Activity*, 2007, 1: 1 – 79.

[54] Marta Ruiz – Arranz and Milan Zavadjil. Are Emerging Asia's Reserves Really Too High? [EB/OL] . http: //www. imf. org/external/pubs/ft/wp/2008/wp08192. pdf, *IMF Working Paper*WP/08/192, 2008.

[55] Wijnholds J. O. and A. Kapteyn. Reserve Adequacy in Emerging Market Economies [EB/OL] . http: //www. imf. org/external/pubs/ft/wp/2001/wp01143. pdf, *IMF Working Paper*WP/01/143, 2001.

[56] Miller Merton H. and Daniel Orr. A Model of the Demand for Money by Firms [J] . *Quarterly Journal of Economics*, 1966, 80: 413 – 435.

[57] Chulho Jung. Optimal Management of International Reserves [J] . *Journal of Macroeconomics*, 1995, 17 (4): 601 – 621.

[58] Clark P. B. . Optimum International Reserves and the Speed of Adjustment [J] . *Journal of Political Economy*, 1970, 78: 356 – 376.

[59] Edwards S. . On the Interest rate Elasticity of the Demand for International Reserves: Some Evidence from Developing Countries [J] . *Journal of International Money and Finance*, 1985, 4: 287 – 295.

[60] McFadden D. , R. Eckaus, G. Feder, V. Hajivassiliou and S. O'Donnell. Is There Life after Debt? [C] . *The Econometric Analysis of the Creditworthiness of Developing Countries*, in: Gordon W. Smith and John T. Cuddington, eds. , International Debt and Developing Countries. A World Bank Symposium, 1985, World Bank, Washington, DC.

[61] Durdu C. B. , Mendoza E. and Terrones M. . Precautionary Demand for Foreign Assets in Emerging Economies: An Assessment of the New Mercantilism [J] . *Journal of Development Economics*, 2009, 89: 194 – 209.

[62] Olivier Jeanne and Romain Rancière. The Optimal Level of International Reserves for Emerging Market Countries: A New Formula and Some Applications [J] . *The Economic Journal*, 2011, 121: 905 – 930.

[63] Caballero R. and Panageas S. . A Global Equilibrium Model of Sudden Stops and External Liquidity Management [Z] . *Manuscript*, MIT, Department of Economics, 2007.

[64] Guillermo A. Calvo, Alejandro Izquierdo and Rudy Loo – Kung. Optimal Holdings of International Reserves: Self – insurance against Sudden Stop [EB/OL] . http: //www. nber. org/papers/w18219, *NBER Working Paper*, No. 18219, 2012.

[65] Guillermo A. Calvo, Alejandro Izquierdo and Luis – Fernando Mejia. System Sudden Stops: The Relevance of Balance – sheet Effects and Financial Integration [EB/OL] . http: //www. nber. org/papers/w14026, *NBER Working Paper*, No. 140.

[66] Heller H. R. and Knight M. D. Reserve Currency Preferences of Central

Banks [C] . *Essays in International Finance*, No. 131, Department of Economics, Princeton University in Princeton, N. J. , 1978.

[67] Dooley M.. An Analysis of the Management of the Currency Composition of Reserve Assets and External Liabilities of Developing Countries [C] . In: Aliber, R. (ed) . *The Reconstruction of International Monetary Arrangements*. Macmillan, 1987.

[68] Dooley M. , Lizondo J. and Mathieson D.. The Currency Composition of Foreign Exchange Reserves [J] . *IMF Staff Papers*, 1989, 36 (2): 385 –434.

[69] Horii Akinari. The Evolution of Reserve Currency Diversification [DB/OL] .

[70] https://www. bis. org/publ/econ18. pdf, *BIS Economic Papers*, No. 18, 1986.

[71] Barry Eichengreen and Donald J. Mathieson. The Currency Composition of Foreign Exchange Reserves: Retrospect and Prospect [DB/OL] . http://www. imf. org/external/pubs/ft/wp/2000/wp00131. pdf, *IMF Working Paper*, WP/00/131, 2000.

[72] Menzie Chinn and Jeffrey A. Frankel. Will the Euro Eventually Surpass the Dollar as Leading International Reserve Currency? [C], in *G7 Current Account Imbalances: Sustainability and Adjustment*, University of Chicago Press, 2007.

[73] Avraham Ben – Bassat. The Optimal Composition of Foreign Exchange Reserves [J] . *Journal of International Economics*, 1980, 10 (2): 285 ~295.

[74] Avraham Ben – Bassat. Reserve – currency Diversification and the Substitution Account [C] . *Essays in International Finance Section*, Department of Economics, Princeton University in Princeton, N. J. , 1984.

[75] Rikkonen K.. The Optimal Currency Distribution of A Central Bank's Foreign Exchange Reserves [DB/OL] . http://www. suomenpankki. fi/pdf/SP_ DP_ 1989_ 28. pdf, *Bank of Finland Discussion Paper* No. 28/89, 1989.

[76] Dellas Harris and Bang Yoo Chin. Reserve Currency Preferences of Central Banks: the Case of Korea [J] . *Journal of International Money and Finance*, 1991, 10 (3): 406 –419.

[77] Thorarinn G. Petursson. The Optimal Currency Composition of Foreign Reserves [DB/OL]. http：//hhi. hi. is/sites/hhi. hi. is/files/W－series/1995/w9502. pdf, *Institute of Economic Studies Working Paper*, University of Iceland, 1995.

[79] Haim Levy and Azriel Levy. The Management of Foreign Exchange Reserves：Balance of Payments and External Debt Considerations：The Case of Israel [G]. *Maurice Falk Institute Discussion Paper*, No. 7, 1998.

[80] Dellas Harris. International Reserve Currencies [G]. *IMF Working Paper*. WP/89/15, 1989.

[81] Papaioannou E., Portes R. and Siourounis G.. Optimal Currency Shares in International Reserves：the Impact of the Euro and the Prospects for the Dollar [DB/OL]. http：//www. ecb. int/pub/pdf/scpwps/ecb-wp694. pdf, *ECB Working Paper*, 2006.

[82] Robert N. McCauley. Choosing the Currency Numeraire in Managing Official Foreign Exchange Reserves [DB/OL]. http：//riskbooks. com/assets/903/904/1807. pdf, BIS Reserve Management Trends 2008.

[83] Borio C., Ebbesen J., Galati G. and Heath A.. FX Reserve Management：Elements of a Framework [DB/OL]. http：//www. bis. org/publ/bppdf/bispap38. pdf, *BIS Papers*, No. 38, 2008.

[84] Beck R. and Rahbari E.. Optimal Reserve Composition in the Presence of Sudden Stops：The Euro and the Dollar as Safe Haven Currencies [DB/OL]. http：//www. ecb. int/pub/pdf/scpwps/ecbwp916. pdf, *ECB Working Paper Series*, No. 916, 2008.

[85] Borio C., Galati G. and Heath A.. FX Reserve Management：Trends and Challenges [DB/OL]. http：//www. bis. org/publ/bppdf/bispap40. pdf, *BIS papers* No. 40, 2008.

[86] Smith K. V.. A Transition Model for Portfolio Revision [J]. *The Journal of Finance*, 1967, 22 (3)：425－439.

[87] Pliska S. R., *Introduction to Mathematical Finance：Discrete Time Models* [M]. John Wiley & Sons, 1997.

[88] Brandt M. W.. Portfolio Choice Problems [C]. Chapter 5, Handbook of

Financial Econometrics, North – holland, 2009.

[89] Kai Shi and Li Nie. Adjusting the Currency Composition of China's Foreign Exchange Reserve [J] . *International Journal of Economics and Finance*, 2012, 4 (10): 170 – 179.

[90] Stijn Claessens and Jerome Kreuser. Strategic Foreign Reserve Risk Management: Analytical Framework [J] . *Annuals of Operations Research*, 2007, 152: 79 – 113.

[91] M. C. Chiu and D. Li. Asset – Liability Management Under the Safety – First Principle [J] . *Journal of Optimization Theory and Applications*, 2009, 143 (2): 455 – 478.

[92] Bert Boertje and Han van der Hoorn. Managing Market Risks: A Balance Sheet Approach [C] . In: Carlos Bernadell, Pierre Cardon, Joachim Coche, Francis X. Diebold and Simone Manganelli (ed), *Risk Management for Central Bank Foreign Reserves*, European Central Bank, April 2004.

[93] Lev Dynkin and Jay Hyman. Multi – factor Risk Analysis of Bond Portfolios [C] . In: Carlos Bernadell, Pierre Cardon, Joachim Coche, Francis X. Diebold and Simone Manganelli (ed), *Risk Management for Central Bank Foreign Reserves*, European Central Bank, April 2004.

[94] Ruiz David Delgado, Martínez Somoza Pedro José, Osorio Yánez Eneira and Pabón Chwoschtschinsky Reinaldo Alex. Management of the International Reserve Liquidity Portfolio [C] . In: Carlos Bernadell, Pierre Cardon, Joachim Coche, Francis X. Diebold and Simone Manganelli (ed), *Risk Management for Central Bank Foreign Reserves*, European Central Bank, April 2004.

[95] Pierre Cardon and Joachim Coche. Strategic Asset Allocation for Foreign Exchange Reserves [C] . In: Carlos Bernadell, Pierre Cardon, Joachim Coche, Francis X. Diebold and Simone Manganelli (ed), *Risk Management for Central Bank Foreign Reserves*, European Central Bank, April 2004.

[96] Peter Ferket and Machiel Zwanenburg. The Risk of Diversification [C] . In: Carlos Bernadell, Pierre Cardon, Joachim Coche, Francis X.

Diebold and Simone Manganelli （ed）, *Risk Management for Central Bank Foreign Reserves*, European Central Bank, April 2004.

[97] Robert N. McCauley and Jean – Francois Rigaudy, Managing Foreign Exchange Reserves in the Crisis and After ［DB/OL］ . http：// www. bis. org/publ/bppdf/bispap58b. pdf, *BIS Papers*No. 58, 19 – 47.

[98] John Lipsky. Financial Crisis and Reserve Management：Outlook for the Future ［R］ . *Special Remarks at the Third IMF Roundtable of Sovereign Asset and Reserve Managers*, Washington, D. C. , January 24, 2011.

[99] Cheung Yin – Wong, Ma Guonan and Robert N. McCauley. Renminbising China's Foreign Assets ［J］ . *Pacific Economic Review*, 2011, 16：1 – 17.

[100] Kathryn M. E. Dominguez. Foreign Reserve Management During the Global Financial Crisis ［J］ . *Journal of International Money and Finance*, 2012, 31 （8）：2017 – 2037.

[101] Yu – Wei Hu. Manageent of China's Foreign Exchange Reserves：A Case Study on the State Administration of Foreign Exchange （SAFE） ［DB/OL］ . http：//ec. europa. eu/economy_ finance/publications/e-conomic_ paper/2010/pdf/ecp 421 _ en. pdf, *Economic Papers*421, European Commission, July 2010.

[102] Fukuda S. and Kon Y.. Macroeconomic Impacts of Foreign Exchange Reserve Accumulation：Theory and International Evidence ［DB/OL］ . ht-tp：//www. adbi. org/files/2010. 02. 19. wp197.　macroeconomic. impact. forex. reserve. accumulation. pdf, *ADBI Working Paper*, 2010.

[103] Uhlig H.. What are the Effects of Monetary Policy on Output? Results From An Agnostic Identification Procedure ［J］ . *Journal of Monetary Economics*, 2005, 52：381 – 419.

[104] Leamer E. E.. Let's take the con out of Econometrics ［J］ . *American Economic Review*, 1983, 73：31 – 43.

[105] Kauermann G. , Krivobokova T. and Semmler W.. Filtering Time Series with Penalized Splines ［J］ . *Studies in Nonlinear Dynamics & Econometrics*, 2011, 15.

[106] Ruppert, R. , M. Wand, and R. Carroll. Semiparametric Regression ［M］ . Cambridge：Cambridge University Press, 2003.

[107] Schall R.. Estimation in Generalized Linear Models with Random Effects [J] . *Biometrika*, 1991, 78: 719 – 727.

[109] Krivobokova T. and Kauermann G.. A Note on Penalized Spline Smoothing with Correlated Errors [J] . *Journal of the American Statistical Association*, 2007, 102: 1328 – 1337.

[110] Dornbusch R. , G. Ilan and O. V. Rodrigo. Currency Crises and Collapse [J] . *Brooking Papers on Economic Activity*, 1995, 2: 219 – 295.

[111] Calvo Guillermo A. Capital Flows and Capital Market Crises: The Simple Economics of Sudden Stops [J] . *Journal of Applied Economics*, 1998, 1: 35 – 54.

[112] Guidotti P. , Sturzenegger F. and Villar A.. On the Consequences of Sudden Stops [J] . *Economia*, 2004, 4 (2): 171 – 203.

[113] Régis Barnichon. International Reserves and Self – Insurance against External Shocks [DB/OL] . http: //www. imf. org/external/pubs/ft/wp/2008/wp08149. pdf, *IMF Working Paper*WP/08/149, 2008.

[114] Aizenman J. and R. Glick. Pegged Exchange Rate Regimes – A Trap? [J] . *Journal of Money*, *Credit and Banking*, 2008, 40: 817 ~ 835.

[115] Joshua Aizenman and Reuven Glick. Asset Class Diversification and Delegation of Responsibilities between Central Banks and Sovereign Wealth Funds [DB/OL] . http: //www. frbsf. org/publications/economics/papers/2010/wp10 – 20bk. pdf, *Federal Reserve Bank of San Francisco Working Paper Series*, 2010.

[117] Setser B. and Pandey A. China's MYM1. 5 Trillion Bet: Understanding China's External Portfolio [DB/OL] . http: //www. google. com. hk/url? sa = t&rct = j&q = China% E2% 80% 99s + % 241. 5 + Trillion + Bet% 3A + Understanding + China% E2% 80% 99s + External + Portfolio&source = web&cd = 2&ved = 0CEAQFjAB&url = http% 3a% 2f% 2fwww% 2ecfr% 2eorg% 2fcontent% 2fpublications% 2fattachments% 2fCGS_ WorkingPaper_ 6_ China_ update0509% 2epdf&ei = TLEfUfb NMsKHlAXzzYDoDg&usg = AFQjCNEOgf2yYd1oFPZWUGaKgH91SMb TEw, *Council on Foreign Relations Working paper*, 2009.

[118] Roger S.. The Management of Foreign Exchange Reserve [C] . *BIS E-*

conomic Papers, No. 38, 1993.

[119] Robert F. Engle and Kevin Sheppard. Theoretical and Empirical Proper-
ties of Dynamic Conditional Correlation Multivariate GARCH, ht-
tp: //www. nber. org/papers/w 8554. pdf, *NBER Working Paper Se-
ries*8554, 2001.

[120] Fall G. , Warng B. J. and Huang YP. , Jntraregianal Cross – holding of
Reserve Currencies: A Proposal for Asia to Deal with the Global Re-
seave Risks. China & Would tenemy , 21 (4): 14 – 35, 2013.

[121] John C. Cox, Jonathan E. Ingersoll, Jr. and Stephen A. Ross. A Theory
of the Term Structure of Interest Rates [J] . *Econometrica*1985, 53:
385 – 407.

[122] Merton, Robert C. . *Continuous Time Finance* [M] . Cambridge, MA:
Basil Blackwell, 1990.

[123] Yuliya Romanyuk. Asset – Liability Management for Central Banks: An
Overview [DB/OL] . http: //www. bankofcanada. ca/wp – content/
uploads/2010/08/dp10 – 10. pdf, *Bank of Canada Discussion Paper*,
2010 – 10.

[124] F. M. Reddington. Review of the Principle of Life Office Valuation [J] .
Journal of the Institute of Actuaries, 1952: 286 – 340.

[125] Frank J. Fabozzi. Bond Markets, *Analysis and Strategies* (8th Edition)
[M] . Prentice Hall, 2012.

[126] H. Gifford Fong and Oldrich Vasicek. A Risk Minimizing Strategy for
Multiple Liability Immunization [J] . *Journal of Finance*, 1984: 1541 – 1546.

[127] G. O. Bierwag, George K. Kaufman and Alden Toevs. Immunization
Strategies for Funding Multiple Liabilities [J] . *Journal of Financial
and Quantitative Analysis*, 1983: 113 ~ 124.

[128] Heitsch H. and W. Römisch. Scenario Reduction Algorithms in Stochas-
tic Programming [J] . *Computational Optimization and Applications*,
2003, 24: 187 – 206.

[129] Wets R. J. B. Statistical Estimation from an Optimization Viewpoint
[J] . *Annals of Operation Research*, 1998, 84: 79 – 102.

[130] Greenspan Alan. Currency Reserves and Debt [G] . *Federal Reserve*

System, 1999.

[131] IMF. Debt – and Reserve – Related Indicators of External Vulnerability [DB/OL] . http: //www. imf. org/external/np/pdr/debtres/, Policy Development and Review Department, 2000.

[132] IMF. Guidelines for Foreign Exchange Reserves Management [DB/OL] . http: //www. imf. org/external/np/mae/ferm/eng/, Washington, DC: International Monetary Fund, 2001.

致　谢

在本书的写作过程中，得到许多专家学者的帮助，同他们的讨论总能让人获益良多，作者在此一并表示感谢。他们包括：美国外交关系委员会 Benn Steil 博士、欧洲央行 Simone Manganelli 博士、德国 Göttingen 大学 Tatyana Krivobokova 教授、英国 London 大学 Chris Bramall 教授、瑞士 The RisKontrol Group GmbH 公司 Jerome Kreuser 博士、澳大利亚 Monash 大学 Heather Anderson 教授、澳大利亚 Queensland 大学 Christopher O'Donnell 教授、日本 Hitotsubashi 大学 Ogawa Eiji 教授、日本 Hitotsubashi 大学 Asako Kazumi 教授、日本 Hitotsubashi 大学聂丽博士、韩国 Sungkyunkwan 大学 Chang Sik Kim 教授以及阿根廷 CEMA 大学 Germán Coloma 教授等。

本书出版受到东北师范大学青年学者出版基金资助，东北师范大学社科处及东北师范大学经济学院的领导和老师对本书出版给予了许多关怀与帮助，作者在此表示感谢。此外，还要感谢中国社会科学出版社的王曦编辑，其出色的工作为本书出版节省了许多不必要的麻烦。

石凯　刘力臻

2015 年 6 月